THE
ART OF
NEGOTIATION

现代商务谈判
的艺术

[美] 李 哲 / 著

天津出版传媒集团

天津人民出版社

图书在版编目(CIP)数据

现代商务谈判的艺术 / (美) 李哲著. -- 天津：天
津人民出版社, 2017.10
ISBN 978-7-201-12380-6

Ⅰ. ①现… Ⅱ. ①李… Ⅲ. ①商务谈判–研究 Ⅳ.
①F715.4

中国版本图书馆 CIP 数据核字(2017)第 222441 号

现代商务谈判的艺术

XIANDAI SHANGWU TANPAN DE YISHU

出　　　版　天津人民出版社
出 版 人　黄　沛
地　　　址　天津市和平区西康路 35 号康岳大厦
邮政编码　300051
邮购电话　(022)23332469
网　　　址　http://www.tjrmcbs.com
电子信箱　tjrmcbs@126.com

总 策 划　黄　沛
执行策划　任　洁
责任编辑　温欣欣
封面设计　明轩文化·王　烨

印　　　刷　高教社(天津)印务有限公司
经　　　销　新华书店
开　　　本　787×1092 毫米　1/16
印　　　张　19
插　　　页　1
字　　　数　200 千字
版次印次　2017 年 10 月第 1 版　2017 年 10 月第 1 次印刷
定　　　价　58.00 元

现代商务谈判的艺术 Preface

▲

序 言一

▼

    李哲兄是一位非常成功的企业家。我与他是通过我们共同的一位著名收藏家和企业家朋友认识的。我们俩都在纽约华尔街从事金融投资相关业务,但李哲兄在纽约的时间比我长,经验也相对更丰富。当时他跟我说,他准备写一本书,叫《现代商务谈判的艺术》,主要是介绍如何跟西方商务人士打交道和做生意,其中的关键是学会如何谈判。现在中国对外开放,走出国门的企业、机构和个人也越来越多,层次越来越高。无论是政治、文化还是商业领域,宽度、广度、深度无不增加,包括中国各机构在纽约华尔街和联合国的各种各样的交流亦非常多,所以我一听到他想写这本书,非常认同。

在纽约,李哲兄是一个能把从技术到生意的路线切换做得非常熟练的企业家,在主要工作以外,他有想法和精力写这本书,确实值得我钦佩。我自己也经常在外讲课,在与人交流的过程中,我不要大而空,而是偏向于交流理论结合实际的内容,讲一些实际能落地的经验,希望更多人能够理性和科学地融入社会各个层次中。从这个层面来说,我们不仅思维相通,而且我们的目标和所做的事情也有共同点,所以我非常支持他写这本书,并答应他来写这个序言。虽然工作忙,但对李哲兄的承诺不敢疏忽,我花时间看了这本书的初稿,看完后非常欣赏李哲兄的现代商务谈判的理论、逻辑、经验,他能从理论和实践中,从不同的角度来高度总结现代商务谈判的精髓,简单直白的实际案例更容易让人记住。本书讲述现代商务谈判需要解决的问题,包括谈判的平衡点和交换的关键点,使不同文化层次的人都能够简单易懂地学习现代谈判技巧。本书还总结归纳谈判环节和各种场合需要注意的问题,通过本书可以逐渐提高自己参与工作、社会活动可应用的技巧和方法。

这本书把西方管理学流传下来的社会管理、公司管理的几个要点总结出来了。现代商务谈判艺术的第一个特点,就是分享和交换。谈判不是采用高压的方式达成目的,而是互换、交换,也就是说谈判最好的结果就是互惠互利。这种互惠互利的结果是被各方软性接受的，即使谈判过程中可能有硬性的手段，但最终达到的结果，一定是大家内心都互相接受的。中国、欧美商务的不同环境，以及各自的优劣势都在这本书中有举例说明，让读者能够更好地理解在具体的场合下怎么做。这也是本书的第二个特点——个性与共性的结合。很多人都是在说理论上该如何做，可是看完书后记不住，在现实中没办法变成可操作的东西。他这本书的优点是把亲身经历过的例子用总结性的语言展现出来，增加了读后实践的可行性和操作性。第三个特点是时效性和切入点，书中举了很多现代商务谈判的例子。总而言之，本书从理论高度总结，然后以个案说明，即使你记不住理论，也能记得例子，在实际商务谈判中就可以进行参照。

谈判，从广义来说并不只是局限于商务和政治，其实人们在生活中一直在谈判。自己跟自己谈判、家人之间谈判、工作时同事间都会谈判，只不过商务和政治谈判中针锋相对、争取利益的成分更多一点。所以谈判无处不在，不过是程度有所区别而已。因此谈判的逻辑就是，从互惠互利到强弱结合，懂得迂回、懂得进退，然后根据不同的社会人文背景，不同国家的人的特点，花费较少的时间成本来解决争端，取得平衡。实际上谈判就是找到方法解决争端，达成交易的过程。而本书在方法、时效性、普及性及不同人的特点等方面,都加以详细的总结。每个国家的人思维特点不同、习惯和文化不同,也就形成他们自己的谈判风格。比如德国人讲信用但是非常认真,英国人礼貌、内敛,与法国人谈判则要学会应付他们的饭局,意大利人热情奔放……各个国家的特点在本书中都得到了归纳,我们以后谈判时遇到来自不同国家的谈判方,可以有个心理准备。未来,中国资本走出国门,必然会更多地与全世界打交道,希望国人学会和西方人打交道,了解他们的工作态度、思维、习惯。实际上,谈判过程就是对各种群体做生意的特征、生活习惯、文化背景的高度总结。如果你能在这样艰难的谈判中获得自己想要的结果,那么你在生活中遇到磨合、交流等其他问题时就都能得心应手了。

我认为这本书值得大家花时间阅读,尤其对希望走出国门工作、经商的人,这些在美国打拼的前辈总结的方法,是能给后人一定的参考价值的。犹太人在全世界人口占比 2%~3%,但是在各个领域都做得很成功。他们为什么能在各个行业都有一套游戏规则,成为掌控规则的主导者?因为他们的前人每到一个地方,就建立他们的商业规则,成为标杆和商业游戏规则的制定者,这也让他们在各种谈判场合无往而不利。相信在未来的三五十年,将有更多高学识潜力的中国人向海外发展,所以希望国人能够不断地了解、学习和接纳西方,在西方找到适合东方人智慧的经验,制定东方人在西方生活的游戏规则，甚至让西方人遵循我们制定的规则。我们要成为游戏规则的制定者，这是我们这一代人以及未来两三代人努力的方向。

希望李哲兄的这本《现代商务谈判的艺术》能给后人带来引导作用，也希望各位读者通过阅读，总结经验与大家分享，形成我们东方商人的智慧结晶，形成我们参与国际政治、商务等活动可以普及的规则和经验。

陈赫（Howard Chen），美国顶级投资专家，中国科学技术大学上海 EE 中心海外特聘教授，成功在中国及美国创立多家公司，担任国内外多家大型证券公司和银行的高级顾问，为多家私募基金提供量化投资策略。巴菲特股东大会乐视直播嘉宾。创立 GMBP 高端投资俱乐部，专注于二级市场投资和风险投资。华尔街顶级谈判专家。

现代商务谈判的艺术

▲

序 言 二

▼

　　李哲先生的新书《现代商务谈判的艺术》完稿了，我读到了这本书的初稿，也品咂到了李哲先生的思考力和人格魅力。他在成就自己事业的同时，还毫无保留地将自己在多年实践中获得的宝贵经验拿来与人分享，为他人铺设职业成长的便捷路径。这样做不仅丰厚了自己，也点亮了他人前行路上的灯盏，令我感动。这本《现代商务谈判的艺术》，不单是反映着商业时代感的作品，还是一坛陈酿多年的老酒，不能只是读，还要品。

　　我同李哲先生来美国都超过二十年了，又都在纽约地区生活和工作。同样在商业领域打拼了很多年，我们有相似的经历和体验，在许多方面，我们有共同的理念和观点。我拜读了他过去出版的两本大作:《美国商道》和《投资美国》，他的故事好像打开了我关闭了多年的回忆闸门，久久不能回神。我真感到奇怪,他讲的那些人,我好像也见过,他说的那些事,我好像也经历过。回过神来,静心想想,原因大概是我们都是这样走过来的。所以这次他请我帮他写这部《现代商务谈判的艺术》的序言,我欣然应允。作为 20 世纪 80 年代初来美国留学,继而又在纽约打拼了几十年的游子,我们想将这中间的酸甜苦辣告诉后来人,想告诉未来者一个真实的美国,那些真正在这块陌生的土地上打前站的人是怎么过来的。当然也希望能将我们亲身经历的成功经验和失败教训传授给后人,给后来人帮助或启示。

我 1981 年来美国留学,可能算是中国大陆第一批来美国的"佼佼者"。1949 年中美断交后,除了少数由香港地区来美国的国人之外,几乎没有多少人出国。1972 年中美开始交往,但除了极少数人通过直系亲属的关系来美之外,门基本上还是关着的。一直到 1979 年中美建交,邓小平访美后,才开始有少量公派的访问学者出国。比较成规模的是李政道教授发起中美联合培养物理类研究生计划(CUSPEA),每年有 100 多名学生通过该计划到美国留学。在 1979 年到 1989 年的 10 年内,共有 915 名中国最优秀的物理专业大学生按此计划进入美国各大学顶尖的物理专业读研究生并得到美方资助。

当时,出国是我们根本没有想过的事。我虽然忙了半年,申请了学校,拿到了奖学金,也过了签证坎。但说起来对美国真一无所知。没人来告诉我前面会有什么样的山高水险。我所知道的美国都是读过的《基础英语》(*Essential English*)所描绘的美国:地铁如何准点,分秒不差;开车出门,走高速公路,一直可到目的地的门口;怎么在超级市场买菜,快餐店里能买汉堡、炸鸡。这对当时的我们来说简直像是去天堂一样。不过这倒也给了我们一个指南,使我们当初来到美国不至于什么也不知,什么也不晓,落得像红楼梦中的刘姥姥进了大观园出洋相。但待我们走出了校门,来到了社会,李哲的书中出现的各种人物和千奇百怪的事情就会随时冒出来,常常让你束手无策。可惜当时没有老师能够给我们再补这门课。我们也没有机会提前看到这几部书,以致这几十年两眼摸黑地吃了很多亏,走了不少弯路才明白怎么回事。

可能时过境迁,我们的故事好像有点像天方夜谈了。现在来美国的后来人,多数不是像我们当初那样的穷学生。有些甚至还看不起美国。但有一点还是要请你们注意,这儿不是你生长的故乡,这儿也没有你熟识的文化,你曾经熟悉的人和环境已在万里之外。所以今天来美国的你们更需要了解美国。因为你们在中国可能已经创出了一片天地,到这儿可能想求更大的发展,你们的抱负比我们更大。所以希望你们是站在我们前人的肩上,看得更远点,爬得更高些。书中所写可能就是我们的一点忠告和一些提示,希望对后来人有所帮助。

李哲先生的这部新书《现代商务谈判的艺术》,就总结了我们这一代人在商场中多年的经验教训,是了解西方商业的一个窗口。在书中,李哲先生很好地归纳了如何和不同民族、不同文化、不同背景的人进行有效的交流和谈判,如何与不同的商务团体打交道。这是李哲先生继《阅读哈佛商学院》《美国商道》《投资美国》之后的又一力作,这部新书值得一读,更值得品味。我作为商业老兵,隆重推荐这本凝聚着我们这一代人心血和经验的好书。

周谷声

2017 年 2 月 26 日于纽约

周谷声,著名企业家,华商纽约总会会长,复旦大学校友会名誉会长,复友资本合伙人。

写《现代商务谈判的艺术》，起因偶然，但是对这个主题的思考却是由来已久了。

几十年来，由于工作原因，参与和主导了无数次的谈判，谈判类型多种多样，有官方的、团体的、企业的、个人的。在纽约的创业生涯中，我策划、主导了难以计数的谈判，直到今天，还是几乎每天都要面临、处理、思考、执行许许多多形式不同、内容各异的现代商务谈判。

这部书之所以叫《现代商务谈判的艺术》，是因为现代科技的发展,带动了生产力的发展,商务内容、形式、模式,也在不断地改变和发展,商务运营的形态也在变。在新的商务模式下,单用传统的方式来解决新的问题,已不合时宜了。商务的形式和内容在变,现代商务谈判的策略和形式、方法也要变,对传统的东西,要加以鉴别,要适应变化和发展了的新环境,在谈判中要应用现代商务谈判艺术的新内容、新策略。

纽约是现代商务谈判艺术的诞生地、试练场。纽约的商务之圈,是现代商务谈判艺术最好的素材和土壤。

在纽约激烈的商务氛围中,要推进你的商务行为,执行你的商务思想,落实你的商务计划,沟通你的商务理念,会有多么好的条件,就会有同等程度的艰难。你面临的是行业的强手,是一群商务精英,是快刀手,是顶级的专家。在这强手如林的丛林中推进你的商务机会,不但要有实力,更要有现代商务谈判能力。想在群雄环伺的纽约占有一席之地,该有多少艰难的现代商务谈判屏障等着你去跨越。

在纽约创业的这些年中,以往的谈判经历历历在目,书中讲述了我在其中积累的经验,描述了现代商务谈判艺术中的"喜怒哀愁"。

在整个商务运营的过程中,商务谈判是重要的一环,学会商务谈判,是非常重要的软实力。

在商务人士中,不乏聪明人。但是有良好的沟通能力、商务谈判能力的人数,却很有限。

掌握现代商务谈判的艺术不难, 关键要对现代商务谈判有一个清醒和理智的认识, 把自己融入社会提供的平台, 充分挖掘潜力,有目标、有方法、有策略,才能成为一个好的现代商务谈判者。

在实际的商务运作中,做过了,不等于掌握了,只有在实践的磨炼中不断地思考,认真分析现代商务谈判案例,摸索其中的规律和特点,才能将现代商务谈判这个武器掌握好,运用好。

写作《现代商务谈判的艺术》,我多次往返于中美之间,做了许多的调查研究。随着世界经济格局发生巨大变化,中国的经济成为世界上不可小觑的一极,相应的商务规则也在逐步地完善中。为了能够充分地把自己的所思所想表达充分并切合实际,这次写作,我尝试不看任何资料,也不看任何参考书籍,使自己不被任何现代商务谈判理论和策略影响思路, 也不让任何出版的书籍影响自己的写法,完全按照自己的体验、思路、实践,来组织书的结构和内容,把自己的思考表述出来,把最切实际的案例融入书中。

在这部书中,我着重写了几个方面:

1.突出商务谈判艺术的现代特性。

2.突出中国商务环境与欧美商务规则的接轨点。

3.重点介绍中外交流中商务谈判的特殊性、区别、个性与共性。

4.突出现代商务谈判艺术的时效性和实效性。

5.引入欧美新颖的现代商务谈判理论和案例,结合中国的商务案例进行剖析。

6.阐明现代商务谈判与市场开发的关系。

现代商务谈判的艺术 Contents

▲

目　录

▼

赢,收编对手 / 由少到多,由小变大——纵横捭阖,把想象变成现实 / 现代商务谈判中以衡制动,以动制衡的功能和效果——软实力,大空间,只有想到,才能做到 / 现代商务谈判中的倍增和连锁效应——四两可以拨千斤 / 团结互惠,借力打力——现代商务谈判桌上有契机,现代商务谈判桌上有财富

现代商务谈判的艺术
THE ART OF
NEGOTIATION

第 1 章

现代商务谈判笔记

现代商务谈判的特色——和谁谈？怎么谈？在哪里谈？

想想这些年做过的许多事，忽然发现，在我的职业生涯中，竟然在谈判上花去了那么多的时间和精力，可细细一想，这些大大小小的谈判，又是那么不可少，那么重要。在业务的开展中，商务谈判占据了重要的位置。这些成功或失败的谈判，锻炼了逻辑思维能力，也促使自己由一个谨言慎行的人，转变成一个相对开朗的人。

我在工作中遇到了许许多多的谈判，开始很不习惯，觉得花那么多的时间去谈判，不值。可实际上，不是值不值的问题，你要发展业务，就必须谈判，必须通过谈判来赢得业务。这一关是回避不了也逃避不掉的。谈判是一门很有意思的学问，也是一个很讲究策略的工具，掌握好谈判，确实重要。

和谁谈？现代商务谈判就在日常的生活和工作中，谈判就在你的身边，你面对的所有人都可能成为你的谈判对象，所有的客户都是你的潜在的谈判对手。

怎么谈？因地制宜，因人而异，法无定法。

在哪里谈？这和作战一样，尽可能在你所熟悉的环境下谈，占尽天时地利。

漫谈现代商务谈判——攻防兼备，寻求支点

中国现在是一个经济大国，商务谈判是从事商业活动重要的工具和手段，任何的商业活动都离不开商务谈判。

在中国，办事要喝酒，无形中，酒就成了谈事、办事、谈判的润滑剂。但真正的商务谈判，是和酒绝缘的。只有当你的商务谈判胜利了，在庆祝的酒会上，才可以用酒来庆贺。

在现代商务谈判中困扰许多人的一个问题，往往就是坐在你面前的人讲得天花乱坠，他讲的每一个字、每一个词、每一句话你都能听得懂、分得清，甚至能辨别他的口音。可他聪明的脑子中到底想的是什么，谈话的要点在哪里，有时候却很难捕捉。对谈判对手的了解，是商务谈判最为重要的一环。为此，作为一个谈判者，首先要了解对手、掌握资讯，要打有准备之仗。

客观地说，一个谈判新手，吃亏是免不了的，只有从败仗和烂仗中吸取教训，才能逐步地掌握和运用好商务谈判这个有效的工具。也正因为如此，学习提高辨人、识人的能力，是学习和掌握商务谈判的要点。

每个人的知识和判断力，都是一点一点地积累起来的。科技不

断发展,经济环境不断变化,面对的谈判对象也在相应变化,作为谈判者要不断地调整和改变,掌握谈判者应有的观察力、敏感度和判断力。

一般说来,华人善心计,长谋略,少动作。欧美人善动作,重实际,善谈判。中东人善言又善变,长于周旋。

只有经过长时间的锻炼,尤其是在实际商务活动中,多与来自世界各地、各个阶层的商务伙伴的实际谈判,才能增强商务谈判能力。

在实际的工作和生活中,如果注意观察和分析,会发现其实处处是谈判,谈判贯穿于各个层面、各个场合。不管你是什么职业,实际上都离不开谈判。

从概念上讲,似乎谈判这个词,对有些事情和有些场景来说,显得过于正式,可实际上这些林林总总的交际、买卖、交流等等,都可归纳为谈判。

谈判,谈判,就是要谈,通过语言的表达然后达到判的目标。

在实际的商务谈判中,不但要和对手博弈,更要学会和对手握手。

在商场中,在不同的经济体的竞争中,你有了好技术,不代表就有了好产品,有了好产品,也不代表就有了好市场,有了好市场,也不等于有了好结果。为了和你的对手达到合理的竞争平衡，就只有经过商务谈判来解决出现的问题，以达到彼此的目的。

一般来说，西方人比较注重实际效益，目标明确，战与和也易达到平衡。战是为了和，为了和而战。那种胜败是明显的，刚刚还在唇枪舌剑，马上就能握手言和，一切简单明了。我们有许多亲密无间的合作伙伴都是"打"出来的"战争狂人"。相对而言，在我们东方，情况有时就复杂一些，如哥伦布出海就是为了寻找新大陆，为了利益，而郑和下西洋却加进了很多的"政治因素"。

在东方的人和事中，有许多附加的因素。有时，战了半天却不知目的是什么，而且事情的表达需要绕上360度的大圈子后再拐几个弯再巧妙地说出来。所以，在东方的文化和环境背景下，谈判不讲原则讲人情，不设底线而靠手段，更有许多的合作者，其中相当一部分是靠"喂"出来的"谦谦君子"，战与和的界限是模糊不清的。

现代商务谈判看起来似乎很专业，其实它涵盖的范围很广，大的商业合作，需要商务谈判，小的日常工作，也可以纳入商务谈判的范畴。实际上，你面对的所有业务方，都可能成为你的谈判对象。任何与自己和客户的实际利益有关的东西，都可以成为商务谈判的内容。

有人说,现代商业之争,是一场没有硝烟的战争,而商务谈判,更是一种新的形式的商战。战是为了和,为了和而战,在任何时候,不要忘了这个前提。常言说,山高人为峰,这句话的意思可以理解为:只要你爬上山顶,再高的山都没有你高了。进一步说,你要征服的顶峰原来就是你自己,而这一点却是最难的。在征服了自己后,再征服你的对手就是一个看起来似乎很难,而实际上并不太难的一件事了。关键点是在每一个项目确定之后,你要选好、选对你的对手。只有这样,你对正在进行的谈判才能心中有数,才能增加胜算。

世界是复杂的,人生是艰辛的。人生是从一个高度跨越另一个高度,而储存于生命记忆深处的,往往不是辉煌的故事,而是由阻力、挣脱、失败与教训所积累的痛苦。人类的伟大之处,就是在这种痛苦中能弹射巨大的挣脱力量,直至跨越一个又一个的险峰。其实,谈判就是给人提供了一个最好的跨越的平台。

在实际的工作和商务活动中,经常会遇到许许多多艰难的明争暗斗和谈判,很多人不愿意面对,因为它挑战人的心理素质。但如果你要发展业务,谈判是必经之路。你必须要大胆地面对,尽管有时很艰难,有时甚至是很痛苦的。但在职场,你必须对自己毫不留情地提出要求,必须先通过谈判这一关。

谈判有个人之间的谈判、团体之间的谈判,有商业谈判、政治谈判、军事谈判等等,无论哪种谈判,智慧、信息和实力是完成谈判的最主要的因素。有智慧,没实力,谈判就变得非常艰苦;有实力而没智慧则不能达到预期的目的。但若没有掌握充分的信息,不能知己知彼,那你就完全处于被动的一方了。好的谈判可以谈出财富,谈出力量,可以谈出百万雄师。好的谈判者能谈出奇迹,就像四两拨动千斤。有几类谈判对象很特殊,与他们的谈判很艰难:政府部门、连锁经营的发包者、军队、资源占有者。

现代商务谈判涉及许多领域,正因为如此,它给从事商务谈判者提出了比较高的要求。他们不但要善于阐述,善于表达,更要善于思考,善假于物,善于运用技巧和策略,善于攻防,善于化敌为友,善于借力打力。

现代商务谈判的灵魂——赢在思维,胜在表达

在每天繁杂的业务工作中,看到和接触到形形色色不同的人和事,有的让人快乐,有的让人沮丧;有谈判成功的喜悦,也有败下阵来的落寞。每当夜深人静的时候,像过电影一样回顾一天天繁忙中的点点滴滴:其实看起来不管简单还是复杂的事情背后,总有一

些规律性的东西,想来想去,大都与当事人的思维方法和思维模式有关。有的人偏重理性思维,有的人偏重感性思维,不同的人有不同的思维方式,男女的思维方式也不同。正因为这些不同,造就了形形色色的商务谈判。

对不同的思维模式进行分析和探讨,就会发现许多商务谈判赢在思维、胜在表达。

谈判和思维密切相关,同样一件事,做法不同结果不同,而不同的做法受主事人不同的思维模式支配。不同的思维方式,导致了同样一件要处理的事情,在同样的人群中,在完全一样的外部条件下,因为主导者思维方式的不同,结果就截然不同。

通过平时的接触,我自己总结出了两种思维对商务谈判的影响,就是理科思维和文科思维,用专业术语讲,应该是理性思维和感性思维。两者之间有着密切的联系,也有着很明显的区别。

所谓的理科思维,是指在对待自己所面临的事情时,比较注重数据和科技的现状及条件,往往忽视了人文、传统、习俗等诸多的因素,尤其是容易忽略在现实社会中,由于文化的、非理性的、已经存在的巨大的社会惯性所带来的变化和改变。理科思维远不是指理工科的学子所原本具有的习惯思维。但不能否认的是,理工专业背景的学子形成理科思维的比例要远远高于其他学科专业背景的人。这没有什么对错,因为思维的形成和知识的结构有着极大的关系。理科思维,重事实、讲逻辑、慎结论,这是好的一面,但也容易偏执,忽视习惯和文化及社会体制的影响。

所谓的文科思维,一般来说,是指过于习惯用宏观的理论和个人的想象及经验去判断、分析、推理事实,唯心的成分多了些,易忽视客观存在和发展、变化了的数据,以及现实、科技,尤其是科技发展带动的社会变化。科技日新月异,过去农耕时代几百年的变化,在现有科技的促进和推动下,可能在几年,甚至几个月就实现了。科技发展变化了,也就是说,生产力变化了,相应的生产关系也肯定发生变化,而生产关系的变化,就会确定无疑地影响社会事物的变化轨迹。而文科思维的人可能是因为其知识结构上的原因,往往看不到、抓不住这些变化了的而且还在不断变化的东西,往往忽视了科技、物质、生产力和生产关系所带来的变化,进而在分析和研究客观现实中的事物时,过于依赖过去和历史所形成的观念、习惯,容易偏离现实。所以,文科思维的表现之一是重视查找规律,然后再推理和归纳。

同样的道理,这里所说的文科思维也不单指文科专业的学子的思维,而是指一种过于依赖社会的历史、过往的习惯、现存人文等因素去分析和研究的思维习惯和模式。当然,在实际的生活中,学文科的学子形成文科思维的要比其他学科学子的比例要高很多。这也没有对与错,因为人的思维模式与本人的知识结构、家庭出身、先天的条件、后天的经历和历练、所处的客观环境等因素有关。

逆向思维是另一层面的思维方式。逆向思维有它的独特性,可以转换自己的思维角度,善于比较和鉴别,更长于触类旁通。另外,批判式的思维、乐观式的思维也是对商务谈判而言比较重要的思维方式。一般来说,知识越多越冷静。大多数情况下,越是思维缜密的人,其平时的乐趣就可能越少。当然,对于思维缜密的人来说,可能越是在理智的时候,越有自己的乐趣。

政治家或政客几乎没有很明晰、准确的思维模式,他们大都是机会主义者,以利益为前提,在利益面前,可以随时改变。如果要给他们的思维模式归类的话,那就可以定义为动态的思维模式。

所以,在通常的情况下,当你在做商务谈判决策时,如果涉及真正的利益,要以理科思维为主。

如果事情并不急迫,例如是一个长期的项目,不妨用文科思维去谈判。

文科思维适合社交,理科思维适合决策。

一个人刚生下来，就像一张白纸，是后来的教育和训练慢慢地塑造了人的不同的思维模式；一旦思维模式形成，就慢慢成了习惯。好的指挥者、谈判手，一定是一个善于用人的人，而善于用人的人肯定是一个具备不错的心理学知识的人，而在谈判中，思维模式和心理学分析能力，是至关重要的。

在现代商务谈判中，需要的是冷静而有逻辑的思维方式，用文理结合的思维方法，不断地训练和完善自己的逻辑思维能力，才能应付在变化莫测的商务谈判中遇到的问题，达到谈判的目的。

现代商务谈判成功与否的衡量标准——胜者有计谋千万，败者有理由万千

无论在尔虞我诈的华尔街，还是在唇枪舌剑的联合国，或是在中国农村的乡间地头、深山老林，无论你是受过极好训练的 MBA，还是流落街头的流浪汉，为了生存，为了本能的需求和发展，在你的生活和工作的每个细节，在你身边千千万万的场合中，你都离不开谈判。尤其在商业领域中，谈判几乎无所不在，存在于商业事务的每一个步骤。

可有许多人，做了，却不曾想过；也有许多人，赢了，不知其因；

更有许多人,输了,竟不知原因在哪里。

有人说,谈判是实力的较量,也有人说,谈判是智力的博弈。

谈判当然离不开实力基础,也离不开智力前提,但在商场中,不乏许多的高学历、高智商人士败得一塌糊涂,还有许多手握千金的"土豪",把楼立起来了,又把楼弄塌了。更有人把一手好牌打烂,当然,他们有许多为自己开脱的理由,但很多时候,失败的原因就是当事者不会谈判,甚至不知道自己在谈判。

谈判有不同的表现形式,更有不同的表现方法。

谈判是一门学问,也是一门艺术,它需要的不只是实力和智慧,还有临场的发挥、机敏的大脑、犀利而又恰如其分的语言和正确而恰到的策略。

现代商务谈判是处理危机公关的重要手段——无限的领域,有限的空间

在实际的商业运作中,出现危机是难免的事情,能否妥善处理好危机,决定着商业运作的前景。

在看似复杂的商业环境中,凡成功者,无不是妥善处理好危机的高手。而商务谈判,就是解决这些危机的主要手段。

在商业运作中,许多商业人士之所以能够成功,成为企业家,成为令人羡慕的名人,都是因为在面对危机的时候,能够认清形势,能够做出积极的符合客观事实的选择,能够下定决心实施做出的决定。这些法则和规律,在现代商务谈判中,体现得尤为突出。

认清面对的危机形势,是妥善处理好危机的前提。认清面对的形势,重在兼顾全面、深刻、准确三个方面,千万不能顾此失彼。

在商务谈判中,全面指的是重在空间,看到的看不到的都要看到,特别是看不到的,往往起着关键的作用。深刻指的是重在理解,现象源于本质,本质才是解决问题的根本所在。准确指的是重在时效,及时很关键,有的时候必须要即刻看透错综复杂的现象的本质。这三点做到了,才能在错综复杂的商务谈判中脱颖而出,达到目的。

针对形势做出选择,是妥善处理好危机的基础。做出选择的决定重在积极、科学、及时三个要素,三者缺一不可。积极就是做出的选择要尽我们的努力,把所有的资源,能够利用的资源,能够借用的资源,全都考虑到。科学即适宜性,过分强调主观努力,而忽视了自然规律肯定是不科学的。及时的重要性在于杜绝马后炮的现象发生,再科学再积极的选择,错过了选择的时间,也就失去了意义。

下定决心实施做出的决定,是妥善处理好危机的关键。人们常说的"万一"就是指此类事情，十里行了九里，最后的一里没走好，前功尽弃。再怎样科学或积极的选择，都会存在缺陷，实施后都会有一定的风险。同样，再科学或积极的选择，不付诸实施，比放弃还要可惜。实施做出的决定需要立刻行动，情况是不断变化的，只有即刻行动，缩小选择与执行选择的时间跨度，才能充分发挥选择的作用。实施做出的决定还要注重完善选择，根据具体情况做出适时的修正完善也很关键。

在商业活动中，能够懂得应对危机的智慧，并能够在实际的商务活动中，应用好谈判这一武器化解商业中的不同危机，一定能够实现谈判所追求的目标，达到现代商务谈判的目的。

现代商务谈判中的传统智慧

在现代商务谈判中，中国的传统智慧如果运用得好，也会起到非常重要的作用，比如四两拨千斤。四两能否拨千斤？回答这个命题，有许多前提条件。首先是在商业谈判中，你的杠杆在哪里？你拨的杠杆在不在？你的杠杆有多长？你的支点在何处？

没有这些前提条件的具体落实，四两拨千斤就无从谈起。

在实际的商务谈判中，人们往往只欣喜于四两拨千斤的效果，而忽视了应具备的前提条件。这就变成了用四两拨千斤的概念，去做白日梦。

在商务谈判中，四两拨千斤也成了一些人投机取巧的遮羞布，成了一些人回避现实、沉迷于钻营的说辞。

殊不知，对这一理念若没有清晰的认知，在实际的商业项目中轻易运用这一理念，会贻害无穷。

现代的商务谈判，已大大不同于以往。尤其是现代网络普及的今天，人们能够掌握的信息，无论从质还是从量上，早已不可同日而语，一个掌握了现代化科技的普通士兵，所能掌握的信息，可能和他的将军所掌握的信息差不太多。这些获取信息的质和量，远多于上一代人的将领。这就使决策变得更困难也更容易了。所以，在利用前人经验的同时，必须对已经变化了的现实情况，给予足够的重视和考量。

困难是你有他也有，你知他也知。你所掌握的，对手也掌握。这样一来，要能够说服对手，达到谈判的目标，就更加需要做两手准备。

容易的是，许多过去看来很难的东西，在现代科技的支持下变得易如反掌，你不用去花那么多的精力去搜索，去寻找那些看起来很复杂的资料了。

在这种情况下,商战中的商务谈判,似乎就变得很难四两拨千斤了。现代科技已把所有问题透明化了,这样一来,成功四两拨千斤的概率就会变得很低很低了,取而代之的则将是实力的抗争。如果一个谈判手能够有效地利用好现代科技、现代信息,四两拨千斤的概率还是很高的。

现代的商务活动已建起了一套行之有效的行为规范和规则。商业中人已达成了某种程度的默契和共识,以实际情况为依据,以实事求是为原则,互赢互惠,共同发展,这才是商业谈判的标的。

在这样的大环境下,任何加入现代商务活动之中的商者,必须先遵循法则,不能存有侥幸的心理和取巧的心态,要从一点一滴的基础做起,决不可怀有耍小聪明的心态,上来就想用自己所总结的经验,来对付今天规则已经变化了的新的商战。在现代商务谈判中,必须首先认识到这一点。

所以,在实际的商务谈判中,不能有取巧的心理,更不能一概而论地用所谓的"智慧",以自以为是的态度,来对待现在的复杂商战战场。

在现代商务谈判中,对于我们流传下来的好思想、好方法,应去粗取精,去伪存真地去甄别、学习、利用,切不可不加分析、不加思考地以传统的老矛,来对付使用了新技术、新材料的新型之盾。

现代科技的兴起,使得世界变小、变平,我们的思维和理念也必须随着这个变化了的世界而变化。

在现代商务谈判中,该如何运用传统智慧,四两究竟能不能拨千斤呢? 能或不能,这取决于天时、地利、人和,取决于你的前提条件准备得如何。它从不取决于你的个人梦想,而是取决于无情的现实。尤其是在现代商务谈判中,只能灵活运用,不可抱有侥幸心理。

现代的商业活动是一个万花筒,表现形式多种多样,在商业活动中,必须清醒地、及时地根据现实的情况和环境,调整自己的商务谈判战略战术,面对不同的谈判对手,采取不同的方法和谋略。

商务谈判的对手,在不同的文化背景、不同的习俗、不同的成长经历中,形成的特色、特点很不同。在商务谈判的实际推进中,必须因地制宜,因人而异,了解自己的商务谈判对手,知己知彼,才能更有把握地在每一次商务谈判中,掌握主动权,提高商务谈判的成功率,为自己,为团队,为自己所代表的当事人,争取最大的利益。

现代商务谈判的真谛

现代商务谈判的真谛,很难用一句话或几句话来描述和概括,不同的人群,不同的环境条件,对商务谈判的理解和定义也不同,不同的人有着不同的认识和界定。有人把开发市场的推销法,片面地理解为谈判的理念,也有人认为谈判是为了取得自己所需的一种方法和手段。但是,对于商业谈判真谛的理解和确定,确实有一种共识,那就是商业谈判是一种分享,既不是博弈,也不是掠夺。

有些人误以为,商务谈判是索取的一种手段,谈判是征服对方、使自己获得最大利益的机会。其实他们错了,在商业谈判中,没有合理的交换,就不会达到一个平衡点,也就达不成共识。

在参与谈判的各方中,任何一方想要某样东西,首先要想到自己所具备的东西是哪些,价值如何。也就是说,我们自己身上必须有某种价值,才是进行商务谈判的前提,也才有进行商务谈判的资格,才有可能通过商务谈判取得所需,才能成为一个合格的现代商务谈判手。

有些销售训练,片面地强调强势推销,有的只看业绩,不注重内涵和效果,这种只顾眼前、不考虑长远的谈判,很难促成长期合作,这种一锤子买卖式的商务谈判是很不成熟的商业表现。

现代商务谈判远不是只从别人身上拿来什么,天下没有免费的午餐,不平衡的交易,可能有一时一事,但绝非长久,通俗的话就是:凭什么? 对手又不傻。

在现代商务谈判中,没有权力的压制,也没有硬性的指令,更没有强加于人的霸王条款。任何力量不平衡的商业谈判,任何强权式的商业谈判,任何地头蛇式的商业谈判,都不需要什么智商、技巧,干完一单算一单,不考虑后果,不计长远利益。严格来讲,这种商务谈判就不算合理的谈判,不能达到商务谈判的目的。

现代商务谈判的艺术

THE ART OF
NEGOTIATION

第 2 章

现代商务谈判的种类
和掌控措施

谈判的分类

从范围上分类,谈判有个人间的谈判、团体间的谈判、国与国之间的谈判等。

从功能上分类,有商务谈判、政治谈判、军事谈判等。

无论哪种谈判,智慧、信息和实力是支持谈判的最主要的因素。

谈判的内容和形式多种多样,影响的范围也不一样,对谈判的参与者的要求也不一样,其目标和效果,也因谈判种类的不同而各异。

政治谈判,是被许多人认可的,因为它是有权威性的谈判。在冷战时期,国与国之间有关边界、移民、军事、文化、民族等的谈判,均可归于此类。这种谈判,涉及的资料信息比较官方。

一般来说,政治谈判影响相对比较大,适用范围也比较广泛,进行政治谈判的参与者,需要受过专门的教育和训练的人。政治谈判有这强烈的官方色彩,需要很强的后勤支持、实力支撑。

在实际的生活和工作中,应用极为广泛的是商务谈判。商务谈判包含的内容也极为广泛,市场、贸易、交易、运输、生产,甚至科研都可以包含其中。

商务谈判有官方的谈判,有非官方的商务谈判,比较而言,量大面广的是非官方商务谈判。非官方商务谈判几乎占据了商务谈判的半壁江山。

当然,所有涉及经济的谈判,均属于商务谈判的范畴。

在商务谈判的范畴中,可以从功能上分为贸易谈判、项目谈判、市场谈判、科技谈判、采购谈判、价格谈判、营销谈判等。

贸易谈判曾经占据了商务谈判的最大的比重,尤其是在第二次世界大战后的几十年中,无论是政府之间,还是非政府之间、民族之间,许多耗时耗力的商务谈判,大都是贸易谈判,这也是商务谈判中要重点研究的。

一个好的谈判可以谈出更多的价值,谈出财富,谈出力量,甚至可以谈出百万雄兵。好的谈判者能谈出奇迹,可以用四两拨千斤,利用杠杆的力量,撬动更大、更广的资源和物质,可以善用策略和技巧,所向披靡,达到自己的目标。

各种谈判的区别和共性

商务谈判与政治谈判的区别和共性。由特朗普在辩论中的表现看——不可否认的事实是，特朗普是商务谈判的高手，他写的《谈判的艺术》一书，影响了不少的人，让商场中的菜鸟受益甚多。为什么最著名的纽约地产大鳄、商务谈判专家，却在政治老手希拉里面前显得那么力不从心呢？这里的原因很多，其中之一就涉及了商务谈判和政治谈判的区别，以及两者之间用力点和着力点的不同。作为商务谈判专家的特朗普，把在商务谈判中的手法和策略，平移到了基础和策略完全不同的政治谈判中来，没有认真地研究这两者的不同和区别，用商务谈判的运作模式和表达方法，来对付和进行着力点完全不同的政治谈判，这就犯了兵家之大忌，虽然特朗普认为自己出拳速度很快，出拳的力度也很大，但他打不到要害，打不到点子上。

这里，特朗普在几场政治谈判中犯了策略上的错误，没有把商务谈判的策略精髓，恰当而合理地融入政治谈判中来。商务谈判需要集中一点，突破缺口，扩大战果，节节推进，这是对的，但这一点，用到政治谈判上，就显得很天真烂漫了。从某种角度上说，政治的黑幕之深，远非商务领域可比。政治的覆盖面要比商业更广，但这并不是说，政治谈判就比商务谈判更难，更不能说明商务谈判的高手不能做好政治谈判，只是明确地说，政治谈判和商务谈判的支点、力度完全不一样。

一般来说,能够做好商务谈判的专家,进行政治谈判应该是驾轻就熟的,因为,政治谈判所涉及的是相关因素不同——切入点不同,用力点也不同。经历过艰苦的政治谈判的专家,可以华丽地转身成为商务谈判的专家。

同样,经历过艰苦复杂的商务谈判的专家,更容易成为政治谈判专家。但是,在转换过程中,要明确地认清商务谈判和政治谈判的区别和共性,不可混淆,更不可生搬硬套。

商务谈判要把对方作为潜在的合作者。而政治谈判则是你死我活,目的是占有,是击败……

特朗普虽然堪称老到,但如果要做一个合格的政治家和政治谈判的专家,还有不少要调整的地方。

优秀的商务谈判者,必须了解和认识到各种谈判的区别和共性。不同领域的谈判,有巨大的区别,当然也有共性,彼此之间可以借鉴、参考,但不能生搬硬套。用政治谈判的手段来进行商务谈判,可能就行不通。同样的道理,用商务谈判的方法进行政治谈判,那可就太天真了。只有结合实际,明确谈判的性质,有的放矢,才能事半功倍。

政治谈判、军事谈判及商务谈判之间,有着明显的区别,政治谈判的要义是强势压倒对方,是博弈。军事谈判的要义是实力,是武器装备和军队的战斗力,是征服。而商务谈判的要义是置换,是交易,是分享。

同样是谈判,不同性质的谈判有不同的切入点,着力点的策略也有不同。

政治谈判、军事谈判、商务谈判,这三者从概念上分得很清楚,但由于历史的原因,媒体宣传的导向作用,以及习惯使然,使得许多参与谈判的谈判者,甚至专业人士,往往把三者混淆,错把政治谈判的要点生硬地移植到了商务谈判中。

其实,商务谈判和政治谈判有着极大的不同,商务谈判的特殊性,没有被人们充分地接受和足够地理解,在实际谈判的运用中有许多误区。尤其是现代商务谈判,由于它的新颖、独特,与新兴的科技、新兴生产力的发展等许多因素息息相关,也因为它是一个新兴的学科,涉及的学术、实践领域很特殊,所以,进行研究和能够涉猎的人还不多,也没有形成成熟的理论体系。这个随着新科技新商业模式一起发展的新事物,给人们展示了一个新的契机,人们需要来认识、接受和掌握。

正因为现代商务谈判的新颖性、新学科的独特性等方面的研究者还极少,没有形成理论和学术体系,所以现在有一个错误的导向,就是许多人包括一些高级知识分子,错把国外的政治谈判的方法和理念,生硬地引入了现代商务谈判中,造成了现代商务谈判中的许多误区。

政治谈判、军事谈判和商务谈判共性有许多,其各自的特性也很明显。谈判的共性是通过策略、语言、文字、信息等有效工具的交流和沟通,为达到一定目的、使参加者能共同接受解决方案,达到一个相对相同或接近的目标而进行的磋商。

因为不同领域和范畴的谈判背景条件不同,所追求的目标和方向不同,所以,每种谈判的方法和策略也有着极大的区别。

商务谈判与政治谈判形式不同,参与者也不同,而且两者最大的不同,就是目标不同。

商务谈判的目的是弄清楚交易金额,考虑有利于交易达成的一切因素,然后达成可以将利益最大化的协议。

而政治谈判则是一种利益冲突的各方的妥协,当出现一项高风险、持久、可能升级为毁灭性的冲突时,政治谈判就不得不用强权。政治谈判中的外交谈判,要与既是挑战者又是盟友的对方合作,如果谈判对象处于战争状态,则往往伴随着强烈的不信任和敌意。这个时候,政治谈判就没有那么多解决途径可供选择。如果幸运的话,会有一个大家都勉强能接受的处理方法——即便是这种处理方法,在达成协议之前也还有数不清的障碍。

政治谈判的目的，不是说服或威胁对方接受你倾向的解决方案，而是用尽你能用的方法，打破那些妨碍解决冲突的障碍。在大多数情况下，政治谈判的目的不是打败对方，而是要试着——通常是与对方沟通——达成唯一可行的那个避免灾难的共识。

政治谈判与我们平时购买不动产等商务谈判很不同，政治谈判面对的是结束战争、建立同盟、构建全球协议、平衡军事手段和外交手段等棘手的问题，其风险和难度要比商务谈判困难和复杂，成败与否与谈判领导者和谈判者的选用有非常重要的关系。

国际政治谈判提出的先决条件和最后通牒，通常都是烂棋。在政治谈判中，不管你的要求在自己看来多么合理，只要在谈判中把它们作为一揽子最后通牒或者先决条件，那么一定会为谈判制造不必要的障碍——或者更糟糕，导致矛盾升级。

另外，在政治谈判中，谈判者要的不是吸引眼球的协议，而是可以实现的协议。在国际谈判和冲突中，突破性协议并不是结束而是开始。

无论在政治谈判还是商务谈判中，跟坏协议起同样作用的，就是另一方在不情愿或被迫的情况下签订的"好"协议，只要是谈判中对方觉得这是不公平的，就绝对不会履行。

在政治谈判中，对方之所失，并不等于自己之所得。政治谈判的本质不是一场零和博弈,只有一方会获胜的观点和信念,放在持久冲突和复杂的国际谈判过程中,不仅是错误的,而且是危险的。

当你跟对方的谈判代表进行谈判时,你不仅仅是他的对手,你还是他的同伴,要帮助他产生更多的想法,克服彼此的不信任。最重要的是让他们接受协议,并能够执行,这才是最重要的。

也许在商务谈判中,能通过强制和压迫的方式,在生意场上"赢"了,但那是因为对方经验不足或者缺乏谈判技巧。然而,在政治谈判中,不管对方是谁,在任何可预见议题上的谈判,都无法避免共同利益。任何与对手的谈判,都不可能通过能否狠狠地"打倒"他们,来评判自己是否获胜。

无论在何种谈判中,要照顾到对方的面子。如果接受某个提议会让对方丢面子,不管这个提议多么慷慨大方,对方都会拒绝。如果你提供的协议,只是帮助他们避免经济或军事灾难,不能让他们把它当成胜利的旗帜,那么这个协议也会被拒绝。

政治谈判者要面对的不是一般的商业交易,他们要面对的是复杂的议题、严肃的战争与和平事件。政治谈判者所面对的,是至关重要的国计民生,其责任要远大于一般的商务谈判。

商务谈判需要的是智慧和技巧,政治谈判则需要战略眼光,它是政治智慧和策略的高度结合。

贸易谈判的核心——分享和交易

贸易谈判是诸多谈判中相对比较容易的谈判，也是最为常见的谈判。贸易谈判的要点是找到谈判双方的平衡点。贸易谈判实质是一种交换，只要有足够的诚意，谈判的进度和谈判的效果是可以控制的，也是容易掌控的。

因为大部分贸易谈判是建立在谈判双方互补、互利、互惠，取长补短、平等交换的基础上，只要熟悉谈判对手的情况，熟悉商务谈判介质的实际价值和潜力，就可以上谈判桌了。

贸易谈判没有太多的"敌情意识"，大可开诚布公，如果双方在彼此交换介质的价值、价格定位认知上有了共识，谈判的基础就奠定了。

从谈判流程上讲，贸易谈判的内涵是：价值的确定，价格标准的确立，然后找到合理的交易方式，圈定范畴，签订协议，监督执行。

当然，任何谈判都不可能像想象中那么一帆风顺。也有为了某些目的而设置谈判障碍的情况，比如，贸易保护条款、贸易壁垒的设置、贸易顺差和贸易逆差的问题、决算方法、结算货币的确定、运输和到港的时间、提货方式、报关申请方式等。许多具体的细节问题，均是要在谈判中逐一解决和落实的。

贸的实质就是买和卖，就是进和出，而易，就是交换。贸易的含义就是交换和买卖。这就是贸易的本源和内涵。而谈判，就是要促成这种交换和买卖。谈就是说、论，就是表白、表达。判就是裁定、评定。而谈判就是语言的交流达到一个判定、目标、结果。

要为谈判下一个准确的定义是比较困难的。在许多领域谈判，就是通过语言的交流，就某事、某物，与对方交换意见和想法，使得双方共同努力，承担一定的责任和义务，找到彼此认可的那个点，并说服对方达到某种妥协，以达到自己的目的，同时也满足对方的要求。这个找点、定点的过程，就是谈判，它体现在语言上，落实在行动上。

有了这个明确的前提，就明白贸易谈判，不是难事，更不是绝对的胜负之争，它是一个有斗争又有妥协的过程。斗争是为了妥协，妥协是为了最大的利益，利益是为了客观的现实需求。

比如，谈判的一方受到自然灾害的影响，粮食成了最大的需求。相对于自身的生存和生活的需要，粮食在这个特殊的阶段，可能比黄金更为重要。而谈判的另一方丰衣足食，有足够的粮食储存，但却需要军火保卫家园。在这样的客观条件下，贸易谈判就有了客观的需求,需要粮食的一方用黄金采购粮食,而存储粮食的一方,需要黄金这样的硬通货来购买军火,保家卫国。在这样的情况下交易就产生了,相应的谈判也就出现了。

贸易谈判是商务谈判的主要内容之一,商务谈判不同于政治谈判和军事谈判,政治谈判有输赢,有胜败,有可能为了某种信念、理念而不得不葬送某些东西。而商务谈判则不同,商务谈判重在"商"字上,既然是商,就有"利",这里"商"字还有另外一层含义——商量。商业的利益要通过商量来达到目的,所以在涉及"商"的问题上,许多问题就简化成具体的问题,没有那么多在政治谈判中涉及的非理性考量,而是非常具体的在商言商,这样一来,问题就大大简化了。

贸易谈判就更为简洁了,作为谈判的一方,首先认知到自己的利益在哪里,对方的利益在何处,通过社会认可的交换介质——货币,或者硬通货——黄金,来进行交换。

在贸易谈判中,找对谈判对手很重要。在现有的条件下,在恒定的利益前提下,作为谈判的一方,在谈判开始的时候,先要考虑找对谈判对手。你会有不同的谈判对手可以选择,虽然他们都能代表一定的利益,但由于诸多的原因,你会发现他们之中,每个人的注重点是不一样的,所以选对对手,是贸易谈判的第一步。

　　2017 年 2 月初,我在中国旅行,我的合伙人比尔,在纽约城郊看上了一栋很好的物业,物业位于非常热门的地区,在这些年变化莫测的美国房地产市场,别的地方升升降降、高高低低,唯独这里一枝独秀,一直保持着旺盛的市场需求,有着令人满意的回报。

　　作为资深的专业价格谈判者,比尔盯上了这里,可是,比尔看上的几栋物业,均因市场活跃,在谈判的过程中,被人从中间撬走了。这次,他看上了另一栋物业之后,就不敢轻举妄动了,而是把电话打到了中国,和我商量如何以合理价格,拿到这栋物业。他志在必得,而且,还特别强调,如果这栋物业拿到手,我们两个的分成改为 51:49,而不是过去的 50:50,比尔竟主动让出一个百分点,可见比尔对这次谈判的重视。

　　严格地讲,比尔要我出马的这次谈判不算是贸易谈判,而是一个最为初级的采购谈判。平时,比尔独自处理,也很顺利,只是这次遇到了特殊情况, 使得比尔的小心灵在几次受挫后, 有点不自信了,甚至开始怀疑他自己高智商的大脑了。

　　我听了比尔的介绍,又认真地研读了他发给我的资料,然后,我告诉比尔,改变策略,改变谈判方向,立刻解雇现在的代理人,由比尔自己直接出面,找到物业的主人,然后明确表明出全价。

　　比尔去做了。第三天,成交,物业已进入律师审核,大局已成。

然后,比尔来问,这样做的原因何在? 何以如此快速?

我只好一步步回答,首先,跳过对方的代理人,直接找物业主人,因为他才是决策者。

其次,解雇代理人是因为他的出身和经历,我查了比尔找的这个代理人,他出生在当时还很脏乱的布鲁克林,这样的出身和经历,使得他有小点子、小聪明,但聪明足够,策略不足。以这种阅历和历练去对付一般的日常谈判尚可凑合,但他不会与这个地区的富三代们打交道,他几次的失败足以说明这一点。

最后,由比尔出马,因为他自己足以应付眼前的一切,只是需要足够的勇气和胆量。

所以,贸易谈判的技巧虽然重要,但谈判的策略更重要。

项目谈判的要点——掌握核心,纲举目张

项目谈判,是随着商业和科技的发展而衍生出来的一种新型的谈判,而且,随着社会的发展,越来越多的项目谈判出现在商务谈判中,它涉及的领域很宽,项目包含的内容也很广,牵涉科技、设计、工程、运输、设备等多种元素。谈得好的贸易谈判者,未必能谈好项目谈判,因为,在实施的项目中,可能涉及极广的知识背景。

进行项目谈判的应该是一个团队。因为专业的谈判手,不一定能掌握好项目谈判中所涉及的诸多专业问题, 而专业人士虽然对本行业的业务了解很深入,但对谈判环节不是十分熟悉,不能有效地进行专业谈判,需要专业人士和谈判专家密切合作,方可有效地推进项目谈判。

项目谈判是商务谈判中较为困难的谈判。

在我们的业务中,项目谈判占据了很大的比重。由于业务的需要, 我们慢慢形成了一个由几方面人才组成的团队与几个专业谈判人士结合的谈判班子。针对项目的要求,谈判班子成员,依据现实的客观需要,不断调整人员的组成,不断地根据实际需要而变换成员角色。比如,在纽约曼哈顿地区的项目谈判,我们会组成以白人、犹太人为主要成员的谈判团队。而在以黑人为主的城市纽瓦克的项目谈判中,就组成以黑人为主的谈判班子。这个办法,很有成效,屡试不爽。因为人们自然地对"自己人"有认同感,无论是语言交流,还是谈判气氛,都有得天独厚的前提条件,然后,业务精英和专业骨干从中配合,成功率极高。

在项目谈判中,准备工作至关重要:对与项目有关的相关专业的技术、知识、要点、难点,一定要有充分准备,对项目的技术要求和技术难点,理解得越深、越透,掌握得越全面,项目谈判的胜算越高。

在项目谈判的过程中,团队的配合极为重要,主谈判手掌握进度和节奏,专业人员提供技术支持,用尽可能简洁明快的语言,阐明项目的技术难点,让谈判对手对你产生信任感和认同感,在信任的基础上,充分地表达和阐述项目所需的物质条件、技术方案、进展、步骤、计划、安排、措施。

商务谈判是双方或多方的事,项目谈判也是涉及双方或多方的利益和责任的谈判,所以,整个的项目谈判过程是谈判的双方斗智斗勇的过程,但绝不是斗气。

只要充分地了解了项目谈判的作用和目的,把心态放平,把潜力发挥到最大,任何复杂的项目谈判,均不是难事。理解了项目谈判的内涵,再加上不断的磨炼,成为一个成熟的项目谈判者,不难。

采购谈判的特点——善假于物,挖掘潜力

采购谈判非常常见,在采购谈判中,谈判者要对采购的对象有极为清楚的了解。

采购谈判的结果好坏,差别极大,细节不注意,会谬以千里。

在采购谈判中,对象包罗万象、形形色色,大到飞机、坦克、列

车、生产线、企业，小到汽车、房屋、家具、日用品。

采购谈判的结果直接影响商业利益。作为采购的谈判者，要摸清所采购的对象的实际价值和价格。我们知道，价值和价格是一个浮动的数字，它随着经济状况、客观环境、政治气候、人们需求的变化而变化。在谈判前，摸清对方的底牌，是至关重要的。

而摸清对方的底牌，方法有多种，在采购谈判前，可以用试探的方法，调查或论证出对方的底牌，知道了对方的底牌，情况就不一样了。

我们知道，美国车行里的市场销售人员是众所周知的谈判高手，对付他们的采购谈判，是要动一些脑子的。

我有一个好朋友，要买一部高级的名牌车，来问我如何进行谈判，用合理的价格买进这部车。

我让他先去车行踩点，让销售人员报了售价。他感觉不合理，可又不知道准确的价位是多少，很困惑。

然后，我让他开着自己原有的二手车，去车行出售他的旧车，让销售员报出他旧车的价格。

得到相关的信息后，他打来电话告诉我这几个报价。我根据他采集来的数据和信息，在分析和推理后，告诉他，这部他准备买的新车的底价是多少。

他听后很吃惊地问我：你怎么知道车的底价？我告诉他这个底价车行的售车员早告诉你了。

他还是不太明白，我告诉他你回去找售车员告诉他你的旧车不卖了，要直接买新车而且要向售车员清晰地报出我给计算出来的价格。

结果，朋友按这个报价去谈判，他自己也没有想到，他的报价经过一番讨价还价后，被接受了。

他用了超低的价格，拿到了心仪的名牌车，很高兴。然后，他又来问我，如何知道车行的底价的。

我只好如实告诉他，我让他去出售旧车，是火力侦察。因为，车行是最精明的商家，尤其是名牌车，利润空间比较大。许多人会因对方的叫价而确定一个心理上的暗示价，自我警示自己，因而放不开手脚。车行利用了人们普遍的心理暗示，使客户从心理上形成固定印象。所以，在不知道车行底价的前提下，只好在对方的报价基础上，压一个或者几个百分点，就自以为成功了。报价者却不知道，这正好陷入对方所设的价格圈套，使客户在不知内情的前提下，盲目地在对方报价的基础上进行还价。这种情况下，客户的还价已陷入对方所设计好的陷阱中了。

所以，采购谈判的第一步，就是尽可能准确地搞清你所采购的物品的底价,才能够有的放矢,既得到合理的价格,又给对方留下一个合理的利润空间。

销售谈判的推进——瞒天过海,设局布局

销售谈判是较为常见的一种谈判形式,这种谈判的特点是带有进攻性。尽管在许多时候,销售谈判的进攻性是非常隐秘、不露痕迹的,但是销售谈判的职业要求,就是要具备进攻性。

在现代商务谈判中,销售谈判是一种初级谈判。因为这种谈判目的单纯,涉及的因素相对较少,有经验的谈判手,很容易掌握这种谈判的技巧和规则。

有经验的谈判者,会在一定的时间和空间中,迅速地营造出销售的气氛和环境,促使对手处在选择的边缘而达成交易。

从心理学的角度去考虑,每个进入市场的个体或者团体,在进入谈判环节的阶段,都有被销售的可能,这样一来,谈判者一定要及时地抓住对方的这个临界心理点,围追加堵截,用各种短促出击的方法、技巧和方式,快速出手,迅速加温,动摇对方的心理底线,形成必走一途的态势,留给对手的选择项越少越好,这样,销售谈判就可以在界定的条件下,达到销售的目的。

在销售谈判中,最忌讳的是节外生枝,形成拖延之势。

销售谈判,不宜给对手留出理性思考的空间、时间、机会。统计表明,人在理智的状态下,最不容易接受被销售。尽管许多销售行为,是很理智的,但也有气氛烘托的因素,商家深谙此道,所以,销售谈判经常会出现一些与销售内容无关的因素和背景的铺垫,原因也在于此。

销售谈判需要在尽可能短的时间内,摸清对手的心理,有理、有利、有节地步步围剿,准确地引导,形成心理暗示,在有效的空间和时间内,达成协议。销售谈判需要短、平、快。

价格谈判的步骤——咬定青山,步步为营

在商务谈判的过程中,遇到的最多的情况之一,可能就是价格谈判。

对价格的定义是多重的,很多时候,对要购入的产品,并不是靠一味地出高价就能拿到手的。当然,从另一个层面讲,作为谈判者,对手出了高价,就意味着谈判的起点太高,那么,要使价格回到合理的平衡点,就要有充分的理由和依据,这就需要价格谈判者进行细致而严谨的工作,理智而又有策略地进行价格谈判。

定价,是一个很复杂的综合性问题,同样的产品,要因时、因地、因条件等因素来确定价格,这绝对不是一成不变的。确定了这一点,作为一个成熟的价格谈判者,就不能、也不要被对方提出的价格所限定和困惑。在商业运作中,有几点关于价格的迷思要破掉。首先,从理论上来说,除去一些零售商店的价格不可谈判外,应该说,所有的现存价格都是可以商谈和讨论的,也就是说,绝大部分产品和项目的价格都是可以商量的,是可以浮动的。有了对这个前提的认知,在谈判的过程中,对于出现的价格,作为价格谈判者一定要明确认识到,争的第一步,是压低你准备要谈判对象的价格,争取使你谈判的项目在一开始就有一个高于市场值的良好开端,只有这样,才能在谈判的开始就能占领有利的位置。有了对这个前提的认识,另外一个概念就比较容易接受了,那就是,谈判者在谈判中,任何时候都不要把对方要价的基数作为你内心还价的参考值。

在谈判中,许多谈判者都不明白,价格是一个制约价格谈判者的重要因素。很多人可能没有注意到,作为买方的价格谈判者,是依据对方所定的价来还价的,这是许多价格谈判者最容易犯的一个错误。我们知道定价的原理,那就明白影响价格确定的因素太多,所以,作为成熟的价格谈判者,在谈判的一开始,就要明确,要对你所要谈判的对象和产品有你自己的清楚而明确的价格定位，绝不可以用对方的要价来衡量你谈判的对象。这在成熟的市场中也算是一个公开的秘密。很多人不明白这一点，往往是在对方叫价的基础上砍下一点就自以为很不错了，殊不知，这正好陷入了对方设好的圈套。

作为一个价格谈判者，在任何时候都有一个原则，就是要尽可能低地购入，尽可能高地售出才能收获好的谈判回报。要达到这个目的，就要对价格有较为全面的认识，并有一套自己的价格谈判策略。记住一点，许多谈判项目，不是能出最高的价格就能拿到手，更不是压低了价格就是好的收购行为，最终的谈判效果，才是衡量谈判者出价正确与否的标准。

在绝大多数情况下，无论价格谈判者作为买方还是卖方，在价格谈判的过程中，尽可能不要先叫价、先出价。即使在一方谈出价格后，也不要轻易地出价，要留一段合理的静默时间，这段时间我称之为心理压价时间。如果对方的心理素质不太好，很可能就在你静默的这个时段被你打垮了他的心理防线，而主动自我调整价格或者自动下调他的叫价。

价格在商品的流通中起了非常重要的作用，确定好了谈判产品的价格，对于谈判者的成败至关重要。

当价格谈判者作为卖方的时候，就面临着对要出售的产品和项目定价的问题。如何定出合理的、能被市场接受的价格，是一个很复杂的问题。定高了，出不了手；定低了，没有谈判效益。在定价的过程中，要考虑到客户的接受能力和市场的接受程度。

比如，在艺术品市场中，往往事先是不定价的，因为，艺术品价格的浮动性很大。再就是艺术品定价要看采购对象，当买家点出要想购买的东西后，卖家往往第一反应不是讲出艺术品的价格，而是先迅速地确定买者的身份和形象，再根据自己对顾客身份的判断而报出价格。

作为卖方，对买方的了解程度越高，那么报出的价格就会越接近成交价。

很多时候，价格反映不了商品的实际价值，因为定价不完全是产品本身的实际成本再加上一定的利润。比如说，一个名牌的手包对于退休的老先生来说，再好的价格对比也没有吸引力，而对一个追求时髦的年轻女性来说，那就不同了。同样的一个手包，你对退休老人报出 100 元，对他可能没有吸引力，而对追求时髦的年轻女性来说，你叫出 300 元，她也可能下单。

同样的道理，同样的施工队、同样的劳动力消耗，如果去建一般的民宅，可能报出的价格没有太大的利润，挣不了多少钱，而如果要去做一个豪华游泳池,那么,报出的施工价就大不一样。

还有,定价的时候也要考虑到地域的问题,同样的奢侈品,销往欧洲的价格肯定跟销往非洲的价格不一样,地域的消费水准起到了关键的作用,而产品本身的成本,就不是定价时主要考虑的因素了。

定价是一个综合因素妥协的结果,而不是一成不变的规定,在定价和调价的浮动过程中,考验着价格谈判者的智慧和观察力。不定是定,定是不定,随行就市,随时调整,才能在变化莫测的市场中站住脚跟,真正达到价格谈判的目的。

现代商务谈判的艺术
THE ART OF
NEGOTIATION

第 3 章

不同的群体、对象及习俗、文化对商务谈判的影响

共性和个性,力度和角度

现代商务谈判,要针对不同族群的文化背景,调整现代商务谈判的侧重点。

与东欧人、墨西哥人、埃及人的商务谈判

东欧是一个地域概念,包含不少中小国家,虽然它们之间有不少区别,但更有许多相同之处,就像亚洲的中、日、韩,有许许多多的不同,更有许许多多的共同点。

由于东欧的历史渊源,以及历史背景等诸多原因,使得这个区域的人群有相当一部分人相对不是很富有,他们从事的行业也受到了一些限制,而且他们的英语发音有明显的口音,这也影响了他们的对外交流,但他们勤奋、专注,没有东方人的那种没道理的好高骛远。

与他们开展现代商务谈判,要紧的是要实事求是,他们对事情的细节很关注,心地也较善良,尽管他们大都有一个看起来似乎是很“凶狠”的外表。

我们曾和东欧不同国家、不同群体,在不同的领域有合作的项目,也曾筹办过中、美、东欧论坛,现代商务谈判的程序都不太复杂,执行的过程也较顺利。他们认真负责,忍耐和坚韧,不轻易言败,也不轻易放弃。

当然也有例外,有些来自东欧的谈判对手有时真的很难沟通。

他可能可用他那像机器发出噪音般的大嗓门,喊着大部分人基本上听不懂又听不清的英语,气势汹汹地问你:为什么你给我们干的工作不是免费的?为什么我来买你的产品还要付钱?为什么你的产品刚刚过了保质期两三年,你们就让它坏掉了?他们提出的一些问题特别令人费解,甚至会把一些无聊的问题,堂而皇之地拿上谈判桌。

这时你切不可被他们的问题迷惑,其实,他们比谁都清楚,他们的问题是无聊至极的,他们只是用这种偏执的说法先把水搅浑,然后,再浑水摸鱼,从中谋利,来达到自己的目的。

当你在现代商务谈判中遇到这种对手后,一定要坚持他打他的,你打你的,切不可顺着他们的思路被诱导,被牵着鼻子走。作为一个合格的现代商务谈判者,你要做的,就是首先理清自己的思路,按照自己的思路,有理有据,步步逼近,迫使他们"就范"。

面对这样的现代商务谈判对手,你一定要自己先静下来,而且,你越静,他们就越不知底细,你就可以以静制动。

或者你也可以采取另一种方式,就是让自己也凶起来,而且,还要"凶"过他们许多倍,提出更为无理的条件,提比他们更无聊的问题,以战止战。

在这种情况下,用不了几个回合,他们就会坐回谈判桌,像个正常人那样,和你认真地就事论事地谈判了。

与墨西哥人的商务谈判

墨西哥是北美洲的一个重要国家,也是一个大国,虽然经济不算发达,但拥有充足的资源,更有数量巨大的人群。墨西哥是一个不可小视的群体,他们在世界人口中,占有相当大的比例。

在日常的商务交易中,与墨西哥人的现代商务谈判很常见。

墨西哥的民族特点非常突出,它在商务和经济结构上有许多不完善的地方。所以,在和墨西哥人谈判时,尤其是在和一些不规范的实体或个人谈判时,你很难用正式的、常规的方法去谈判。就像在中国某些地区谈判,得先喝酒,等喝得差不多醉了的时候(当然你自己不能真醉,但不醉也得装醉),貌似很随意地说出要办的事,"老兄,您看,那件事……"往往没等你用醉话说明白时,对方可能就不加犹豫地回答,"小事一桩,成了"。但你若不懂"风情",拿出你正规化的说辞,那十有八九谈不成。

在与墨西哥人的谈判和交往中,也有类似的情况,他们重视直觉胜于理性的分析和研究。华人和他们的谈判,在气势上,开始往往占不了上风,但在理性的谈判中,又往往说服不了对方,那就只好用"以战止战"的方法了。

在拉斯维加斯的一个专业展会上,来自中国厂家的代表在同墨西哥人的几轮商务谈判交锋中,无一收获。不得已,我们只好从纽约再派人去和对方直接谈,纽约的代表到了那里后,几个小时就谈定了。来自国内厂家的代表很不理解,为什么谈判的结果会不同呢?

在与墨西哥人谈判时,随机应变的能力是要具备的。

一般来说,墨西哥人动作相对比较快。他们多为蓝领,在餐馆、建筑工地等场合,到处能看到他们的身影。在技术和科研领域中,他们很少有人进来,因为他们不擅长逻辑思维,更不擅长数理化。就像犹太人擅长做生意,德国人擅长打仗,华人擅长数理化的道理一样,墨西哥人擅于体力劳动中的短促出击,他们做事快,不拖泥带水。

墨西哥人早婚。有一次,朋友带来姐弟两人来公司办事。年轻的姐姐看起来很年轻,却有了小孩,我很小心地问弟弟,有女朋友了吗?他说他不但有老婆,而且还刚刚离了婚。我看着他那么年轻的面孔,却有了婚史,不得不服他们早婚的程度。

在离我们公司不太远的地方,有一个小火车站,离火车站不远有一个墨西哥人集中的小社区，在这个社区里，从餐馆到医院都是墨西哥人的天下，他们形成了自己文化的社区。在这个墨西哥人集中的社区里，他们经常搞一些带有自己文化传统特色的活动。由于他们的劳动力确实很便宜，所以，那里从咖啡馆到餐馆，物美价廉，而且服务也特别好。当你坐在那里，随便地胡诌几句他们的语言，瞬间就能拉近和他们的距离，简直像是多年的老朋友相见。墨西哥人好交友，但我不建议与他们深交，他们常没有长远的打算和规划。来了，就是朋友，走了，就各自天涯。

我们公司有一个墨西哥员工，好不容易上了大学，掌握了一门技术，他在最初的那些年，老老实实地工作，等结婚后，被老婆又骂又批评，就因为不喜欢他这样老老实实的生活节奏。等有了一个儿子后，他禁不起老婆的折腾，上班迟到早退，注意力不集中，不能专注于自己的技术工作。最后，他丢掉了工作，不得不跟着太太回到了墨西哥。

总的来说，墨西哥人的物质要求不高，生活水准也不高，自我的要求也不高。和他们在一起，很轻松，不用动那么多心思，要说就说，要骂就骂，要打就打，说过骂过打过后，该干吗还干吗，没有那么多的顾忌。

与墨西哥人谈判也是潇洒走一回，无所顾忌，畅所欲言。

与埃及人的商务谈判

我们公司曾经和埃及人有过不少的贸易往来，也和他们有过比较频繁的接触。在长期的业务合作和交往中，结交了不少埃及朋友，耐克就是其中之一。

耐克是埃及人，正是他的穿针引线，把我们带进了埃及人的商务圈子。

有一次在与埃及人的谈判中，大家围着桌子坐下后，耐克逐个向我介绍了他的同伴。耐克的家族里出了一个人才，这个人就是今天他带来的高个子、黑脸膛，长着一双如鹰眼的中年人。他参与了埃及民主运动，所以当新政府建立后，他也分到了一杯羹，在埃及的新政府中谋到了一份差事。耐克带他来，就是想和我们谈从中国转口纸张的生意。

埃及客人拿出他们带来的纸样。他们需要的这些纸张，若从美国采购，价格相对有些高，耐克找到了我们，想通过我们和国内的关系，找到更好的供货源头，今天要谈的就是看看用怎样的方式进行合作。

这是我们日常工作的一部分，也是一次很普通的商务谈判，可是如果客户是埃及人，谈判就有点不一样了。

长着长长的黑褐色头发的耐克，乍看起来，有人会以为他是印度人。他又窄又长的脸上，有一对炯炯有神的大眼睛，耐克在埃及有很广的朋友圈子，谈判很快就进入了正题，从采购到运输的框架很快就确定了，但却在价格和彼此的利润空间问题上卡了壳，谈判有点推不下去了。

埃及政府的朋友丝毫不肯让步，谈判进行得比较困难。

我盯着耐克，等着耐克先开口，想听听他的建议。

"这是新任的开罗市长的助理。"耐克指着坐在中央位置的高个子说。

我顺着耐克的示意，转过脸去，看到站在我不远处的这个人，他的脸色黝黑，浓浓的连鬓胡子，他站身起来，很自然地伸出手和我握手。从他的动作上看，这位埃及人确实是生意场上的人，他的言谈举止是那么的练达和自然。

在和他握手的同时，我心里想，这些埃及的客户，可能不太难对付。经过几轮的攻防，彼此摸到了对方的底线，签订了合同。

要想跟埃及人有效谈判要先摸清他们的特点。

埃及人和其他的阿拉伯人一样，非常健谈，尤其是当你和他们熟悉之后，他们更是口若悬河，滔滔不绝。西方有句谚语："中国人的头，阿拉伯人的口。"这里的阿拉伯人当然也包括埃及人，他们似乎个个都是辩论家、演讲家，在侃起来的时候，精力特别充沛。

另外,埃及人很热心,他们也很乐观。

埃及的文化确实很发达,比如书籍印刷,可以说影响很大。从整个阿拉伯世界看,埃及电影拍得最多、影响力最广。有意思的是,埃及的电影明星并不都是俊男靓女,而且都长得较胖,另外,很多电影明星是喜剧明星。

埃及人的生活节奏都比较慢。一天工作的时间很短,工作之余,大家会坐在街边喝茶、喝咖啡、抽水烟、聊天,很悠闲。虽然埃及人收入普遍不高,但由于有全民粮食补助,所以,大家并没有很强的危机意识,因此活得不累。他们总能找到机会和理由过上慢悠悠的生活。

埃及人的时间观念普遍较差,工作效率也不高,善谈,不善做;他们有悠久的历史,却没有对现代科技的强烈追求。埃及人一般人都厚爱绿、白两种颜色,有把绿色喻为吉祥之色,把白色视为快乐之色的说法。

埃及人比较勤劳,他们当中蓝领的比例很高。

埃及人有些独特的习惯,比如,认为"右比左好",右是吉祥的,做事要从右手和右脚开始,握手、用餐、递送东西必须用右手,穿衣先穿右袖,穿鞋先穿右脚,进入家门和清真寺先迈右脚。而左手被认为是不干净的,用左手与他人握手或递东西是极不礼貌的,甚至被视为污辱性行为。

在与埃及人谈判时,要注意紧紧地咬住细节和步骤,把每一项谈判内容均要落实到实处,形成文字和协议,便于以后的监督和执行。

骄者易败,寻找契机——与美国人的商务谈判

与美国人谈判总的来说是比较规范和有章可循的。美国从立国的那天起就奠定了比较好的法律法规基础,契约精神深入人心。

掌握与美国人现代商务谈判的原则,不妨从一些案例慢慢谈起。

在新泽西南部拥有酒店的丹尼尔,从事这个行业二十多年了,他今年 64 岁,旅行伴随了他的大半生。几十年来,他爱好旅行,爱好潜水,几乎走遍了大半个世界,还去了不少深海的水域。他是一个地地道道的"老"旅行者。

我是丹尼尔的老客户,几乎每年都到他那里度假,现在,他的酒店要卖了。当我们要离开酒店的时候,我被丹尼尔从汽车上喊了下来,又回到了酒店。

丹尼尔让我留下来,要认真地说说酒店的事。

我们还是哥儿们、朋友,现在下了车回来谈生意,瞬间彼此之间就转换成了生意场上攻防的"对手"。

64岁的丹尼尔不想干了。他把旅行当成了他的爱好,但他的酒店也是他生活的一部分。他对自己的酒店爱得太深了,他处在矛盾中。这种特殊的情结影响了我们之间正常的生意谈判。

我们的正常生意采购行为遇上了丹尼尔的情感因素。

一半是海水——用来休闲、用来旅游的酒店的生意。丹尼尔老了,必须要卖掉这家酒店。

一半是情感——丹尼尔对这个自己一手建立、经营的酒店的深情厚谊,他想走开,可心中不舍。他有点患得患失,可以理解。

人就是这样的感情动物,明明知道是这样,可在决定时又割舍不下。处在矛盾中,丹尼尔提出了相当"苛刻"的条件,他在酒店的交易行为中掺进了许多个人感情因素。

看来现在还不是谈这个问题的最佳时机,对他尤其如此。

我们有耐心,等着他留下那一半真正的海水,而把另一半的情感在生意的理性中消融时,我们再重开商量的大门。

我们留下了我们的愿望,踏上了回纽约的路途。等着丹尼尔再次的召唤。

在过去的许多年里,每年暑假我们在新泽西海边度假的时候,如果在五月岬就住在丹尼尔的酒店。丹尼尔是这家酒店的老板,还是一个旅行爱好者。他把自己的爱好当成了职业,而且两不误,相互补充。

这家酒店被丹尼尔命名为"旅行者之家"。

丹尼尔从小就喜欢旅行,他的梦想是要走遍全世界,在更深的海中潜水,旅行占据了丹尼尔的生活的很大一部分,丹尼尔的太太也是旅行爱好者,因为旅行,他们相识而又相爱,共同的爱好和理想让他们走到了一起。

丹尼尔在 18 岁从纽约市的高中毕业后,就当了一名警察,在纽约这个大都市,警察的职业危险系数很高,可福利待遇不错,干 20 年就可以退休了。在丹尼尔刚刚 40 岁的时候,他选择了退休,过另外一种生活,他和太太一商量,决定用退休金再加上夫妇两人的积蓄,来到五月岬买下了这家酒店。这是一家季节式的酒店,每年在旅行旺季开半年,淡季的半年就歇业。正好符合五月岬的特点和丹尼尔的需求,他们可以用半年的时间来挣钱,半年的时间去世界各地旅行。

自从有了这家"旅行者之家"后,丹尼尔就把它用作结交爱好旅行的各路"英雄豪杰"的一个"根据地"。丹尼尔开酒店和其他人有些不同,别的酒店是"有教无类",来者不拒,甚至还想方设法做广告、拉客户，丹尼尔却在那里挑客户，什么说话"F"字的人不要，年轻、张狂的不要，等等。

他把酒店装饰得美轮美奂，有70%的客户都是老客户，直到现在他还没有接受网上的预定业务，他自认好酒不怕巷子深，回头客是他的主要客户群。

我们和丹尼尔也是在旅行中相识的，后来，每次来五月岬避暑，都会直接到他的"旅行之家"入住，久而久之，成了他的老客户和朋友。

夏天过去了，秋末冬初，酒店的淡季到了。丹尼尔又要关闭他的酒店6个月，离开五月岬，到他们新的旅行目的地去了。

今天早上我们整理行装要回纽约，丹尼尔也在整理行装，下周他们就要去非洲旅行了。

他把从来这里看海、避暑的游客身上赚到的钱带在身上，作为一名旅行者去非洲等地消费。

就在我要离开五月岬时，哪想到，丹尼尔认真地打电话问我："嗨！老弟，你知道，我已64岁了，该是第二次退休的时候了，你还年轻，想来五月岬吗？想来这里长时间地看海吗？想不想让你们的人也来五月岬每年干半年呀？"

看来，是要好好想想了，要不要成为美丽而又有魅力、风格独特、娇柔的五月岬的常客和老住户呢?要不要成为像丹尼尔这样的旅行者呢?

海还是那么的平静,在大海边,心情总能被大海拉得淡然下来。

经过认真思考,我们决定把丹尼尔的酒店买下来,但我们和丹尼尔的谈判陷入了胶着状态。他推迟了外出旅行的时间,我们也只好又从纽约返回了五月岬。我们双方抛开了各自的经纪人和代理人,面对面地直接对话了。

我成了他的买主,几轮谈判谈下来,在一些问题上遇到了障碍,现在已经是第三轮谈判了。

他是那种玩起来疯狂,谈起来癫狂,干起事情来百般投入的纽约客,一点儿也没有当地人的憨厚。在私底下,他可以嘻嘻哈哈,你好我好,在谈判桌上,他却是嘴里带刀、脑里带电的纽约人。

我们知道,这次的谈判遇到对手了。

与丹尼尔的谈判陷入了胶着状态,我们双方在价格、付款方式、交接方法上有一些不同的认知。

谈判期间,针对丹尼尔的较真儿和一些特殊的要求,及他所表现出来的一点"傲慢与偏见",我们经过认真的研究和比较,为了达成采购的目标,做了让步。

再与丹尼尔谈判时,我们有意识地与他做朋友,在交接的方法上,做了一些让步,果然,换来情绪型的丹尼尔更多更大的让步。

在多年的商务谈判中,让人感到最直爽的当属美国人,而最能让人感到有情义的就是纽约人。

其实,纽约人的定义是一个相对宽泛的范畴,每一个城市就像一个人一样,会有明显的特征或者说标签。纽约是世界的商都,现代商务谈判,当属纽约最有代表性。

在纽约做现代商务谈判,有一些明显的特点。

纽约人在美国的名声并不是那么好:粗鲁、没耐心、没人情味。美国小镇上的人见面都要问好,开车的人绝对要给行人让道,客气而礼貌。我看过一幅漫画,一位面容纯真的外地年轻男子在纽约地铁上向车厢里的所有人问好。大家都冷漠地各做各的事,对他的问候无动于衷。表面上这是纽约与外地人的区别,事实上,很多纽约人在冷漠的外表下其实古道热肠。如果你下地铁时忘了拿东西,保证有两三个人会在背后大叫你回来。

在纽约你可以经常说谢谢,你可以很礼貌,你也可以很粗鲁,可以开车抢道,可以做任何喜欢的事,但是,你最好不要轻易地说对不起。

在纽约,人们经常是以进为退,不轻易言败。

在纽约的职场中，在残酷的竞争中，在双方的对峙中，你不经意的一句对不起，就可能会让你失去优势，而不得不由进攻转入防御，而在纽约，打防御战是非常非常艰苦的。

所以，如果你在纽约开车，不能先学怎么躲避，而是要先学好怎么去抢道。在纽约进行现代商务谈判，首先要学会为了自己的利益去争、去抢，你必须自信，必须相信你自己，按你的方式往前走。

在纽约的现代商务谈判中，哪怕是一些细小的事情，都很少有让你犹豫、彷徨的时间和机会，你必须迅速地做出决定，而且是一剑封喉，瞬间定胜负。

纽约的现代商务谈判就是这样，成者王，败者寇。

不过，在世界的任何地方都是这样，只不过纽约表现得更明显罢了。

在纽约生活不易，和纽约人谈判也不易。

在纽约人和外国人、外州人的现代商务谈判中，虽有各式各样的表达方式，但你若留心，很多时候他们的潜台词是："给我钱，给我钱。"尤其是在华尔街。

有的时候，一些来自外国的人不知此点，往往被纽约人的这种谈判方式所迷惑，在他们"给我 10 元，给我 10 元"的咄咄逼人的催促下,会紧张地回答"3元行不行?3元行不行?"当纽约人听到这样的回答,那他们就明白了:遇到了肥羊,宰你没商量。

如果是清楚现代商务谈判模式的对手,就会明白此招,因此,你不但不要正面回答他们的问题,反而要反问:我为什么给你10元? 我为什么给你10元? 你给我20元。纽约人就明白了,他们碰到了对手。

若你再进一步地说:"我不但不给你10元,你还得给我30元。"那纽约人就更明白了,今儿算倒霉,碰上强手了,好好地按部就班地正常谈判吧,转入现代商务谈判的实际内容。

但假若你认为纽约人是难缠的现代商务谈判对手,那也错了。优秀的商务素养,使他们讲效率、重信誉,他们见多识广,不畏强手,愿和高手过招,他们是商战中真正"与狼共舞"值得尊重的人。

在美国,黑人是一个重要而特殊的群体,商务谈判离不开与黑人的合作和交流,黑人在美国举足轻重,尤其是在政治影响力上,而政治地位的提升也给这个族群的经济带来积极的影响。在商务活动中,商务人士必须面对与黑人的现代商务谈判。就在我现在写这篇文字的同时,坐在我旁边的合伙人就是黑人兄弟。

记得刚到美国的那些年中,很长一段时间我见了黑人兄弟,感到格外亲切。也正因为如此,我后来结交和雇用了不少黑人兄弟。

在与黑人的商务谈判中,有苦也有甜,有愁也有乐,五味杂陈,一言难尽。

我们曾经与美国东部最大的黑人聚居城市——纽瓦克市有着多年的合作。我们承接了许多政府的项目,在这些项目的落实和执行及验收的过程中,经历了许多不同内容的现代商务谈判,实际的历练让我们积累了不少的经验和教训。

在与不同出身、不同岗位、不同背景的黑人的谈判中,明显感到他们心大、不计成本、不注意细节。他们是一个友善的族群,实际上,他们的等级意识、对社会承认度的要求极强。

他们可以在经济上让步,但面子一定要给足。他们可以和你称兄道弟,但你不能信以为真,他们答应的事情,不可放松监督和管理,在谈判桌上定下的协议,一定要有非常具体的实施措施和进度表。

美国的黑人,大都有很好的表达能力,有的还是天才的演说家,尤其是那些受过良好教育的知识阶层。你若无相当的定力,在谈判对阵中,稍不留心,就很有可能成为失败的那一方。

美国商务环境的长期熏陶和洗礼,使得他们非常善言,相当一部分黑人也非常聪明。他们和原生的非洲兄弟不同。

为了加强和他们的交流和沟通,促进和他们的业务联系,我们的谈判团队和工作团队中一直有黑人兄弟参与，他们和我们一起合作，一起共同奋战。他们对本民族的代表非常认可，为自己找到好的黑人代言人，是一个不错的方法，按照你所确定的目标，由代表你的黑人兄弟打头阵，让他们在自己的圈子里，用自己喜欢的语言和表达方式进行谈判。

客观地说，黑人群体的特殊性，使得他们虽然在经济上还有待发展，但他们在政治上，却有着很强的优势，并握有很丰富的资源。

在和他们的谈判中，首先你要清楚，从他们口里描述出的东西有多少可信，多少不可信。这很重要，没经验者很容易被其近乎完美的表述，迷迷糊糊地拉下了水。

但愿你在美好的环境下，美妙动听的语言中，在他们描述出的美轮美奂的梦境中，还能保持清醒。

优雅与知性，善守善攻——德国、英国、法国

与德国人的商务谈判

德国人是一个比较优秀的群体，他们不但善于作战更善于筹划，不过，他们的优秀不但不会让谈判艰难，相反，与讲效率、重信用的德国人进行现代商务谈判，相对比较容易。

德国人像是钢铁、坦克、推土机，他们一丝不苟，严谨而有耐力，细心而有韧性，他们守时、讲信用、认真、可靠。

与德国人进行现代商务谈判，若没有坚强不屈的意志，健全又强干的团队，你是无法和他们谈判打擂台的。你如果没有充分的准备，没有强有力的后盾，他们在谈判桌上能把你的心理防线很快摧毁，打得你爬不起来，而且不给你留一点点生路。

在现代商务谈判中，单单用东方的智慧，是远远不能与德国人谈判的。他们不相信梦想，也不相信你描绘的未来，更不相信眼泪。他们意志坚强，不轻易动摇自己的意志。他们像钢铁那样坚硬，像坦克那样勇往直前，他们注重实效、实力，更注重现实。

与德国人谈判，不需要公关。亮出你的实力，实事求是，在细节上有空间，在大方向上没讨论的余地。在谈判桌上，他们是如狼似虎的战士，你看不到他们的任何柔情，他们相信，只有实力的收益，没有幸运的收获。有一分力量，才有一分回报。他们比俄罗斯人更凶狠，比日本人更仔细，比中国人更有耐力，比西班牙人更勇敢，比意大利人更有胆量。

但你却看不到他们胜利后的疯狂。没有人可以和他们来做类比，他们是一个独特的民族，是值得尊敬的现代商务谈判对手。

我们曾开车走遍了德国的城乡，但即使是在旅途中，你也难看到他们笑脸中的温情,他们像假睡的老虎,警钟长鸣,随时准备和你上阵对打。我们为了引进他们的技术,曾败在和他们的现代商务谈判中,后来经过几年的艰苦努力,才得以引进梦寐以求的项目。

德国人挑起和经历了两次世界大战后,变得更为顽强和勇猛。在经历了大胜和大败之后,他们认真地反思和总结,不但依然保持自己的优秀传统,而且痛定思痛,变得更加坚韧和智慧。在短时间内,重新创造辉煌,成为世界上一个重要力量。

他们不苟言笑、不浪费时间、人高马大、思想传统、自信度极高。他们有自知之明,不会轻信,更不会盲目自信。与德国人谈判,在某种程度上是一种挑战,一种锻炼,一种升华。

与他们上谈判桌打擂台,需要极度认真的敬业精神,要有足够的自信心,足够的知识、信息和久经历练的成熟的谈判能力。最重要的是,在现代商务谈判桌上,不要抱有任何幻想,只有在强壮的对手前亮剑,拿出你的看家本领,才有得胜的可能。

在德国,如果仔细观察,细看路上来来往往的行人,你就会发现,昂首挺胸、不回头的人,占了绝大多数。他们傲慢、自信、执着、严肃。你从他们的眼神里,能看到一种勇往直前的精神。他们有种令人喜欢的"傲慢"。也许,正是这种融于血液中的"傲慢",使得他们能独步"江湖",使得他们有勇气低下他们高傲的头,向全世界真诚地道歉。他们有过辉煌,也有过衰败,他们侵略过他人,也品尝了被占领的滋味,他们更深刻地理解战争与和平。正因为如此,他们才会求同存异,才有把东德西德统一起来的魄力。

基于这些特质,在与德国人谈判的过程中,要丢掉不切实际的幻想和侥幸,认认真真、踏踏实实,把握每一个细节,把每一个步骤做精致。

我说德国人是严谨的。这源于多年来我们和德国人的商务往来与谈判中他们给我留下的深刻印象。

那时,西德的国土面积不大,接待单位安排了车辆带我们走遍了西德的城乡。最守时的就是那位德国司机,每天早上,不早不晚,非常准时地来接,准时地出发,几个星期的行程安排得井井有条。初次在现代商务谈判桌上和德国人交锋,还是谈判菜鸟的我们,在他们面前输得很惨。

时空在变,不变的是血液中的那些东西,德国人还是那么严谨、守时,那么一丝不苟。我们也在进步,在学习,学习与德国人做生意,与他们合作、共享,与他们谈判。他们在坚持,在转变,我们在学习,在提高。但德国人一直是值得尊重的对手。

不管你与德国人的现代商务谈判多么困难,一定要坚持、坚持、再坚持。耐力、韧性是必备的,在德国人钢铁般的坦克车面前,需要智慧,需要更好的武器,需要现代商务谈判的策略。

与英国人现代商务谈判——绅士的英国

如果你有足够的耐心，又有充沛的精力，还有高超的英文技巧,那么,和英国人展开现代商务谈判,是一件很惬意的事情。

无论从哪方面看,英国人都可能是当下较为富裕的一群人,和他们打交道,你会发现他们是那么讲求实际,不虚华、不浮夸,礼貌又务实。

在伦敦,你会看到不少豪华的劳斯莱斯,可更多、更普及的却是小型的实用型家用车，就连宝马在这里都会设计成非常内敛的小型车,表面看起来简单,但非常实用。是他们钱少吗？不,是他们的品位、修养、追求都有自己的认知,他们已跨越了那种靠张扬来显示自己力量的阶段。

他们内敛、敬业、礼貌、努力,形成了伦敦人的风格。他们做事就像他们说的英文一样到位,不吞音、不省略、不用技巧、实事求是。

来英国的次数越多,住得越久,与他们的商务往来越多,与他们进行谈判的次数越多,就越发现他们有许许多多的优秀特质,他们有那么多值得我们好好学习的优点。

英国是值得停下来仔细研究和学习的地方,它有悠久的历史、丰富的蕴藏、灿烂的文化、特殊的人文、卓越的教育、强大的国防、先进的科技、发达的工业。停得越久,看得越多,发现的商机也就越多。

因为工作关系,我曾在伦敦居住、工作和生活过相当长的一段时间。有许多机会和英国人开拓业务关系,更有机会与他们展开不同形式的现代商务谈判。

在与英国人的谈判中,更能了解和熟悉这个国家和民族的文化、特点、商务模式、交易方式。在与英国人进行商务贸易时,一不小心,就会落入这个老牌的资本主义国家的圈套之中。在与英国人的谈判中,不可掉以轻心。

英国是最老牌的资本主义国家,它在各个方面都比较规范、正规、讲原则,在长期的商务活动中,它曾是大家学习、模仿、研究的对象。英国人在商务运作中,有明显的套路,通常能让你有章可循。

在谈判中,当你静心地坐在他们的对面,听着他们的伦敦腔,什么都不谈,就这就能使你的心情先放松下来。尽管接下来的现代商务谈判很艰苦,但你明白,你面对的是绅士般的对手,不必花许多时间和精力去躲藏。

但你若误认为和英国人的谈判很容易,那就大错特错了。他们是经过长期严格管理、严格要求、严格训练和严峻考验的一群人,他们比美国人更专业，比德国人更严谨，比任何民族的人都更有资格说该怎样开展"现代商务谈判"。

他们曾是现代工业、现代商务的鼻祖，他们也是现代商务谈判的先驱。你能做他们现代商务谈判的对手，能和他们对阵，那是学习的好机会，请勿错过。

与他们谈判，成也值得，败也值得。

与法国人的现代商务谈判

法国人在国际上有着独特的魅力。在商务和经济领域中，法国也独树一帜。与法国人谈判，许多时候不能完全按常规出牌，他们感性，有文艺范，有追求，他们在某些方面有点另类和独特。有些时候，你认为好的，他们未必认可，他们所追寻的，你也未必认同。

相对于其他的民族，法国人更注重精神层面的追求，务实的成分稍微少些。

有时，他们可以为了一杯红酒而放弃原则，也可以为了某些在你看来无关紧要的东西把你拖在谈判桌上。时间在巴黎是有色彩的，利益在法国人的眼里是可以交换和商量的。作为现代商务谈判者，要学会与表面看似"文艺青年"、而实际上是一个老江湖的法国人周旋。

在与法国人谈判的过程中，要学会应付他们的饭局，而且要有足够的耐心。尽管有的饭局会从下午两点延迟到深夜,但只要你不忘记自己谈判的使命, 在饭局中适时地递上你应该说的语言和铺垫,常常会比在谈判桌上更有切实的效果。

当你熟悉了法国的文化,再和法国人谈判,有时会有一点惬意的感觉。如果你在纽约的谈判桌上唇枪舌剑惯了,在法国就会看到他们一边喝着咖啡,一边自在、轻松地用法语和英语交换着和你谈判。这种气氛在其他的商务谈判场上是很难想象的。

但如果你被这种气氛感染, 而放松了谈判的重点, 那你就错了。法国人作为现代商务谈判对手,可是不好战胜的。他们有那么辉煌的历史,那么优秀的语言,那么多不露才情的人才,你稍不留心,就可能掉进他们美丽的"圈套"。

他们多情,善变,多疑,也多"花招";他们不勇敢,但却不易屈服。他们得天独厚,占有许多资讯和资源,他们长期发达的工业和技术环境, 培育和熏陶出了不同于其他民族的特有智慧和处世策略。尤其是强盛的军火工业,使得他们能够在资金充足的环境下、丰富多彩的文化氛围中、群雄逐鹿的外交场合中,培育出独特而又机敏的大脑,让来自世界各地的商务对手,不寒而栗。

没有受过现代商务谈判训练的新手, 是上不了他们的谈判桌的。你若没有现代商务谈判的基础训练,以及对现代商务谈判的基础研究,最好在和他们谈判之前,先去练练,免得输都不知道输在哪里,让法国对手把你当成下酒菜。

按部就班,步步为营——与加拿大人的商务谈判

加拿大地广人稀,和美国边界相连,两个国家友好而密切,所以,与加拿大人谈判,对于熟悉与美国人谈判的谈判者来说,不是一件困难的事情。

加拿大的人口布局和地域,有着独一无二的特色。西岸的温哥华和东岸的多伦多,有着极大的不同,同样是东岸城市的多伦多,和蒙特利尔也不同。加拿大是英联邦的重要成员,深受英国的影响,这一点,也造成了它与美国的不同。加拿大人守规矩,不爱冒险,由于资源充沛,大多不思进取;人们习惯于慢节奏地工作生活;相对于美国的冒险激进,加拿大显得安于现状,相对于美国的竞争残酷,平和、安逸是加拿大的主旋律。

但与加拿大人的现代商务谈判,在许多细节上,与美国人还是有许多的不同。

加拿大是英联邦的重要成员,做事循规蹈矩,理性而自律。地大物博、地广人稀、福利优越,这些得天独厚的条件,使加拿大人并

没有美国人那么大的生存压力。再加上只与美国接壤，又和美国保持着高度一致，使它享受了许多优厚的条件，却没有后顾之忧，奠定了加拿大人相对宽厚、不争的特色。

由于加拿大人少地广，自然资源丰富，人与人的交流较少，人也比较朴实，其特点也不是很鲜明。再加上多少年来和美国的特殊关系，在多数的商务谈判中，美国公司占有先机，通常不必锋芒毕露就可谈定。

加拿大人少有美国人"拼命三郎"的精神，他们更注重生活本身的质量。与他们谈判，难度不大，比与美国人谈判要容易得多。

骑士与战士，有勇有谋——意大利人、西班牙人、俄罗斯人

与意大利人谈判

意大利是欧洲的奇葩。当人们谈到意大利，很自然地想到西西里，想到黑手党，想到黑帮家族。不明真相的人，谈到与意大利人进行现代商务谈判，有点谈虎色变的感觉。其实不然，意大利是一个相对比较好的商务谈判对手，他们豁达，热情，有乐于交流的天性。

意大利历史悠久，但商务和贸易相对比较单一和简单，与意大利人的现代商务谈判不像想象中那么困难，他们十分热情，而且在

商务嗅觉和组织能力上，十分优秀。

相对于巴黎夜晚的迷离、伦敦夜晚的清澈，罗马的夜就有点"混浊"。无论你多么喜欢意大利，你都不得不承认罗马那种带有野性的特殊感觉，它总让你有不安全感。

意大利人外露、直接。他们的那种不拘泥的天性，就是在严肃的现代商务谈判中，也会不经意地流露出来，并自然地释放。

给人留下深刻印象的罗马斗兽场，从一个角度反映了罗马的历史这一独特的历史进程，影响了一代又一代的意大利人。

他们骁勇善战，激情奔放，艺术浸入他们的血液。他们意识超前，追求时尚。同时，也处处表露出一些傲慢和偏见。有时，也会有一点点的无理。但在专业的现代商务谈判桌上，他们是比较容易达成协议的。

世界各地的意大利移民也比较多，国外有一些意大利城，类似国外的唐人街。意大利人容易相处，但不容易妥协。

在现代商务谈判中，意大利人往往没有足够的耐心，常常急于求成。如果抓住这些特点，与他们达成谈判协议，不是一件困难的事情。

与意大利人进行现代商务谈判，不能用惯用的"理智"的方法谈，你得既会"闹"又会"笑"。虽然他们有着丰富多彩的历史，但现代的意大利人在世界之林中并非出类拔萃,他们有"黑手党"的勇猛和无畏,也有地中海边特有的浪漫和风流,而且他们吃苦耐劳。

有一次我们和意大利人谈判谈赢了,可从谈判桌上下来,他们又觉得吃了些亏,心中不服气,怎么办呢?他们有自己的表达方式。在谈判结束的第二周,我们的几辆工作车都被人用针把轮胎扎破了。这就是典型的意大利人的"坏",想想觉得啼笑皆非。

他们乐观,直爽又率直,一般不落井下石,不动小心思,敢爱敢恨,勇往直前。

你若有幸和他们成为朋友,那肯定是人生一大乐事。

与西班牙人谈判

要与西班牙人进行现代商务谈判就要了解和熟悉他们的习俗和习惯及他们所从事的商务范畴。

在北美地区,有很多以西班牙裔为主的小镇和城市,在这些以西班牙裔为主的小镇和城市里,物价低廉,和印度裔社区的物价有一比。这些以西班牙裔为主的小镇和城市呈现出独有的风情。在这里,你还能看到排队用座机打长途电话的场景,你也能用低廉的工资雇到很不错的临时技工,而且他们干起活来不惜力、不耍奸、不偷懒,口碑相当不错。

西班牙裔的年轻人体力好,动作也快,听话。很多体力劳动的工作,他们干起来得心应手。

和西班牙裔的人打交道时,他们主要的缺点就是不太守时,你说好的、定好的事,他们往往不能守约。

西班牙裔的人的收入在美国普遍比较低,因而社会地位也有点低。一些所谓的高等黑人若和西班牙裔联姻,还感觉像是下嫁。

西班牙裔相对比较好相处,与他们谈判也是比较容易达成协议的。他们不会斤斤计较、死缠烂打。他们挣他们该得的那一部分,不去没完没了地和人计较。

他们也不会自恃清高,不干小事。他们不辞辛苦,能上能下,有劳动光荣的好传统。

西班牙裔人不贪婪、不自私,他们不会挖空心思地算计你,想方设法地从你的身上挤出最多的利润。他们知足常乐,有收入就容易满足。

他们是一群快乐的人,是在西班牙国土之外,分散在世界各地的一个特别大的族群。在国外生活和工作,学会和西班牙裔的人群友好相处,是必要的。只要了解了他们的习惯、文化及追求,和他们谈判不会太困难。

虽然谈判不难,但谈好的协议能否顺利地执行,却是现代商务谈判者应该格外注意的。

由于历史、习惯、个性等多方面原因,西班牙裔人的平均收入较低,对教育也不是那么重视,久而久之,就形成了他们的特点:易怒、好斗,但都不太过分,承认现实,随遇而安。他们想得到别人的尊重,也尊重别人。他们从事的行业大都规模不大,他们爱聚居,爱讲话,爱活动,爱罗曼蒂克。

他们动作快、动作多,想得少、想得好。他们遇挫折易放弃、易拐弯等等。他们美但不华丽,他们多彩而不妩媚。他们思考,但想得不多,他们努力实践,但不善于综合规划和设计。

与西班牙裔人的现代商务谈判,可速战速决,快刀斩乱麻,学会尊重他们,给他们较多的利益,不要指望从他们手中拿到较大的业务,即使有,也较少,较难能拿下。

西班牙裔人是很好的朋友,但不要与他们谈高雅。务实,再务实,就可以谈成与西班牙人的谈判。

与俄罗斯人谈判

俄罗斯人是一个特殊的群体,他们意志坚定、敢于创业、不怕失败。与俄罗斯人进行现代商务谈判,是一种很不寻常的经历和历练,没有足够的胆识,上俄罗斯人的谈判桌,不是一件轻松的事。

俄罗斯气候寒冷,恶劣的环境塑造了俄罗斯人特有的性格,他们爱喝酒,喜格斗,外表高冷,甚至有点粗鲁。这些特点体现在谈判中,就是桀骜不驯,不轻易妥协,甚至会宁可不要利益,也要斗争到底。

你若是用常规的方法和俄罗斯人去进行现代商务谈判,那就太书生气了,起码在第一轮谈判中是如此。

俄罗斯人胆大又凶狠,认真又固执,独立性特强。

你若再遇上从俄罗斯来的犹太人,那么,你所进行谈判的困难指数,就要更上一层楼。俄罗斯人,要是成为友,那是铁的;要是成为敌,那是狠的。尽管他们讲的英文大部分人都听不懂,但他们大气豪迈,敢于创业,缺点是不善于守成。

在商务合作和现代商务谈判中,若想和俄罗斯人成为好伙伴、好朋友、铁哥儿们,那是避不过"打"和"斗"这一关的。只有当他认为你也是个"有胆识"的人、有实力的人之后,才可能和你交成好朋友、好的商务伙伴。

一般情况下,在与俄罗斯人的第一轮谈判中,上场的人不一定很聪明,但一定要勇敢、大胆、抗压力特强,那些"小资"型的、抗压力较小的、阅历较浅的,不适宜出战。必须要有抗压性极强的胶皮糖似的老手出面,打第一个回合,来迎接他们先扔过来的重磅炸弹。你要先挡住他们那排山倒海般的冲击、力压千斤的打压。

多年前,我们和俄罗斯人的一次谈判没开始多久,对方就怒发冲冠,拍案而起,用他们特有的俄式英语冲我们吼道:"你们必须在三天之内把 xx 元赔款送到我们的办公室! 不然的话, 就……"说完,摔门扬长而去,坐在我身边的年轻人惊呆了,怔怔地转过头问我:"怎么办?"

怎么办? 该干吗干吗,太阳照旧从东方升起。

一天、两天、三天过去了,四天、五天也过去了,身边的人提醒我,五天过去了,怎么办? 要不要主动与他们重启谈判?

照样该干吗干吗,我告诉自己的人。

果然不出所料,到了第六天,这个在谈判中摔门而去的俄罗斯人打来了电话,这时他们好像什么事都未曾发生过,用很平和的口吻说:"关于上次谈判的项目,你看咱们什么时候安排个时间,再谈一谈,商量一下。"

就这样,客随主便,谈判重新开始,双方在理性的基础上,重新审视这次谈判。

经过比较艰苦但却理智的谈判,达到了双赢,皆大欢喜。

从那以后,这位俄罗斯商务伙伴成了我们的好朋友。

后来,我曾笑着问他:"你那天怒气冲天地摔门而去,为什么又回来了呢?"

俄罗斯人听后,笑了,说:"你们也是爷们儿,值得打交道。"

这就是俄罗斯风格的现代商务谈判。

知己亦知彼，关注细节——日本人、韩国人、中国人

与日本人谈判

与日本人谈判，不是一件轻松的事情。中日之间，有着太多的恩恩怨怨、是是非非，同时又掺杂了许多非商务的因素。中国人与日本人之间，总有那么一种理不清、道不明的复杂的情感因素。

但不管历史如何，在商言商，日本是经济大国，与他们的商务合作和谈判是回避不了的。

与日本人谈判，除了耐心，就是细心，还要有很强的情绪控制力。

日本资源缺乏，日人久居岛国，见树不见林，对细节的追求和关注几乎到了登峰造极的程度，对利润的追求和关注程度也高。

与日本人谈判，不要寄希望于他们做出让步，只有认真、认真、再认真，细节、细节、再细节。在任何的细微之处，不可掉以轻心。不要因为细节的疏忽而造成大局的损失，这是要格外注意的地方。

有人说，日本人是经济动物，实际上，日本人在经济管理上成熟的同时，也存在着心理上的幼稚成分，在商务交往中也处处表现

出来。大到商务大臣,小到个体商贩,综合思维能力不是他们的长项,他们经常会流露出他们天真的、与其身份不相符的一面。他们看问题和想问题,容易走偏锋,走极端,遇事不冷静,不讲情面,有时肆意而为,有时无所顾忌。他们战略思维很弱,战役思维很强。

我曾有幸与他们的天皇有过交流,从他的谈话和表达中,也能体现出日本民族的这些特点。

在现代商务谈判中,他们往往关注短线,而忽视长线。

与日本人的谈判,难度不大,但不易达成协议,但一旦达成协议,他们会认真地遵守执行。

与日本人的现代商务谈判有难点也有易处。说难点,是他们非常非常认真,说易处,是他们比较讲道理。

2015 年,我们和日本人谈定了一批产品,交了定金。一个月后,他们发来的产品和样品不符,开始还僵在那里,但当我们提供了样品的照片和数据后,他们二话没说,撤回,另做。他们如果发现问题,会认真对待,合理让步,按合同办。

在与日本人很多次的业务交流和现代商务谈判中,我对他们的认真留下了极深的印象,这是最难得的品质。“差不多”“大概”“也许”“有可能”“我想是吧”,等等,这在和日本人的谈判中是不能多用的词汇,多少就是多少,一是一,二是二,不能含糊。

与韩国人谈判

与韩国人进行现代商务谈判,真是一言难尽。韩国人经商的特点是明显又模糊,由于受到邻居中国和日本两个大国的影响,其国民性格更像中日两国的综合。

这是一个独特的族群,但随着这几十年的经济起飞,他们变化也很大,与他们进行现代商务谈判,要看到新生代的发展和变化,看到这种成熟和理性的发展。应该说,随着时间的推移、经济的发展,与韩国人的现代商务谈判变得越来越容易了。

韩国的经济状况大改观,是最近这几十年的事情,随着经济的发展,韩国人的心态和性格也在不断地提升和进步。那种因为严寒而塑造成的独特的国民性格,曾经是与之谈判的一大障碍。他们有时会情绪化,不计后果,视信誉为废纸。某些弱点曾极大地影响了与他们的谈判效果。随着经济起飞,也因为经济的起飞,影响了他们的教育和人文,使得新生代逐步克服了上一代的性格缺陷,逐步成熟,也相应地改变了他们过去进行现代商务谈判的节奏,慢慢地变得和善、成熟、注重信誉和信用、关注要点,而非斤斤计较。要说在商务谈判上的变化之大,在近代史上,韩国算一个。

总的说来,和同是亚裔的韩国人谈判是很艰苦的事,因为不单单是谈判事务的本身,许多时候融入了其他种种因素。

但事情不能一概而论,韩国人易钻牛角尖,整体文化修养有待提高,你若打败了他,他很难服你,但你若被他打倒或征服,那就得听命于他。他们爱走极端的特点,常常使正常的谈判很容易走进死胡同,你的团队若没智慧,很难使谈判起死回生。

我曾多次问过我的一个韩国好朋友,他是在谈判中被我们征服了的生意伙伴,你们为什么总是那么顾前不顾后地盲目乐观,盲目自信呢?事实就在那儿,为什么视而不见呢?他很无奈地说:"受文化和教育的影响,许多韩国人自以为很聪明。"他们的半岛心态很明显,成了发狂,败了也发狂,心态很难稳定在一个平衡点。这造成了和他们谈判的时候,本来是很平常的一件事,在他们看来要有大事发生了似的。

我们有不少的机会和他们合作,总体看来,合作得还不错,但刚开始时,几乎在每次第一轮谈判后,我们的人都会垂头丧气地回来,包括那些久经沙场的老将。他们感觉韩国人在谈判中提出的第一方案往往离题较远。

他们相当大一部分人是小业主,在他们手下打工的人,也大都是他们本民族的人,其他民族的人在他们手下打工会是一件相当苦的差事。他们有时很难容人,也很难沟通。你若有机会和他们合作,要逐步地适应韩国特色的现代商务谈判。

与自己人谈判

由于儒家思想的影响，加上中国人对商务运作的方式和方法尚处于初级阶段，对现代商务谈判的本源、核心、目的、认识得不深、不透，所以如果认真地观察和总结，会发现，国人的许多现代商务谈判是一种表现，而不是一种工具，他们往往忘记了现代商务谈判的本源、核心，所以在与外人的谈判博弈中，输多胜少。

客观地说，中国的历史漫长而悠久，也正因为如此，在几千年不变的农耕社会中，为了保持社会的稳定，在那个年代，你大可两耳不闻窗外事，不但可以生存下去，而且可能生活得还不错，因为那时的终极目标也许就是一个"温饱"而已。也因为农耕社会的自给自足，既没有强烈向外扩张的欲望，又被动地交易，造成了交易不活跃。可在现代社会中，在这样一个新科学技术迅速发展的世界中，在充满了变化和变数的条件下，自我设限无异于自废武功。只有通过交流，通过现代商务谈判，才能达到与外界交流、竞争的目的。在狼群中，为了避免被撕裂、被分食，必须用现代商务谈判的方式和手段，来达到保护自己的目的。

与国人谈判前，要对我们的汉文化有所反思和总结，知己知彼，百战不殆。识人易，知己难，要过和国人谈判这一关，就要对自己的文化有相当的认知和思考。这样你就会明白，国际通用的现代商务谈判法则,也许在自己的地盘上并不完全适用,所以与国人谈判要有一个适当的方法和策略。

在谈判前,首先要认识自己,包括我们自己的长处和短处,以及所具有的特点。

所以,与国人谈判是一件很困难的事,虽然很难定义一个标准,但不能否认,有不少人习惯以个人为中心,自以为是,不尊重对方,不合作,经常将合作者视为对手;如有利益冲突,不去寻找双赢的机会,而是选择把合伙者逼走。一旦有了利益冲突,就会互相拆台,内斗不止,看小不看大,为自己赢而不顾对方的利益所在,直至大家均输,掌控者自己得利。

中国地大物博,东西南北各有不同,要赢得现代商务谈判,就要知己知彼,了解对手,先从北京人谈起。

与北京人谈判需要用另外一种路数。北京人心大,能侃,善说不善做,有大爷的心态,眼高手低,不严谨,不认真,也不细心。

北京人长期生活在皇城根下,养成了"大爷作风",喜欢憧憬,喜欢做梦。作诗和做梦,有时并没有太大的区别,如果说有区别,那就是梦有噩梦,而诗多半是美好的。北京人多半是生活在美梦和史诗之中。这使他们虽然不切实际,但却大气磅礴;虽然自以为是,但却圆润老成。北京人有点油,但不浅薄。他们不避俗,且俗中有雅,他们善说不善做,追求小富即安。他们喜欢画出大的框架,但不精于具体的操作,在思想上,是高大上,在做法上,是少小无。

北京有政策倾斜的优势,久而久之,对生活和工作在这里的北京人,影响极大。最为典型的是,你若问北京人某一件事,他可以很轻易地回答,那很简单;但如果你再进一步地问他,怎么去做成它,他当时就会卡壳。对新的商务形势,北京人看了,往往先表态,那咱也能干,但是咱不干。要与有这样心态的北京人进行现代商务谈判,容易,也困难。容易的是好谈,难的是不好找到要点,他会随时随地偏离轨道和主题。

要和北京人进行谈判,首先的难点是你很难找到他的要点,你必须要从他描述的云山雾罩中寻寻觅觅,苦苦思索商机和利润点在哪里?其次的难点是他不专心做具体事,会摊出一张张的大饼,让你不知从哪里下口,从哪里做起。

北京是中国的政治中心,经济结构特殊,商务形式表现在文化、教育、艺术等主要方面。所以在现代商务谈判中,你会感到对手那种大而不当的心态,以及放荡不羁的表现方式。在这些谈判对手中,先不谈有钱、有地位的人,就连在大马路上扫大街的环卫工人都是大半个政治家,若到了外地,都能成半个贝勒爷。不信你去和他聊聊,我敢肯定,他关心的绝不是家里的油盐酱醋、老婆、小孩,他会告诉你怎么能把索马里海盗制服, 在哪里可以抓住本·拉登, 他也会告诉你联合国下一次会议该怎么开。至于怎么扫好大街、美化环境, 那只是小菜一碟, 他懒得费心。

你的对手是这样胸怀世界、放眼全球的人, 如果谈的是具体的商务业务, 我敢保证, 你若不花几天时间先扫平外围的障碍, 休想谈到主题。不用说谈主题, 单单谈国际、国内的"大事"就会先把你的体力、精力耗去一小半。

我们的意识里防弊要大于兴利。喜欢钻漏洞和挥霍时间的习惯, 都是他们极其糟糕的一面。反映在现代商务谈判中, 就是围堵的多, 开源的少, 不善于开拓新的领域。

我们有多少人多少年来都在责怪中国的足球, 可谁又想过我们中国的足球为什么是这样呢? 其实中国足球中的很多现象, 不正像我们在谈判文化中表现出的某些天生不足之处——纸上谈兵, 总讲策略、谋略, 而战场上临门一脚却总也踢不进去。

骨头里边榨出油——犹太人、印度人

与犹太人谈判

与犹太人的现代商务谈判, 是现代商务谈判的重头戏, 这是无可争辩的事实。

许多人对与犹太商人谈判这件事，一想就挠头，甚至想避开。

其实你若了解、熟悉了他们的思考方式和行为方式，那么与犹太商人的谈判，将会是非常愉快的。

犹太民族有着悠久的历史，经过了多少代人的历史沉淀，经过了许多年的转化和转变，有了越来越多明显的特征和特点。

有许多文字记载了犹太人是多么优秀，多么聪明，多么守信用，其实写这些东西的人，很多是没有和犹太人真正打过交道的。这里说的真正打交道是指和他们合作，和他们共同分享，和他们真枪实弹地打商战。很多人谈犹太人会陷入人云亦云的状况，他们可能从来就没有和犹太人做过任何事情，更没有和他们在利益的争夺中实际地打过擂台。

这几年金融风暴席卷全球，在美国处处狼烟四起、艰难困苦的日子使得许多华尔街的老板也一筹莫展，可不少犹太商人面对如此严重的金融飓风，却淡定泰然。

犹太民族是受世界瞩目的民族，也是一个历经苦难的民族。整个犹太民族的历史，是一部自强不息、挖掘潜能、展示卓越才能的历史。他们经历过凄风冷雨、凛凛霜雪，但他们绝不会浪费一分钟时间。

平时,犹太商人把工作的第一个小时定为特殊的时间,他们必须在一小时内,把昨天和今天所要发出的函件和回执单据全部整理好发出。在这最初的一个小时中,他们绝对禁止任何妨碍工作的行为,特别是谢绝会客。犹太商人还善于用心去捕捉危机中的转机,掌控着自己的开始与结束。无论遇到什么困难,这个民族都能萌生超前思维,都有他们执着的迈步方向。犹太商人的这种坚持,已经成为一种坚决。内正其心,外正其容,时间至上,机遇至上的强势观念,不仅成为每个人必须注重的一种习惯,更是一个民族的追求。

犹太人意识到在商海谈判中充满着挑战和变量,商机是金钱的机器,是盈利的坐标。在他们的生意经里,时间创造财富。时间不是金钱,但时间映射着金钱。商机可以同享,但失去商机没法同担。在世界经济交往中,商务竞争尤其激烈,有时错过一点时间,损失就会无法估量。所以犹太商人头脑敏捷,思路清晰,速度之快使人无法想象。

犹太民族的历史悲凉似秋,但犹太商人们冲破了命运的苛刻设定,艰难地走出了落寞。这就是这个民族掌控的时间原理在起作用。单独的一个犹太人,并不显得有怎样出类拔萃,但是三个犹太人加起来,就是一堵不可摧毁的墙。在世界经济大潮中,犹太商人所向无敌,为什么能有如此强大的力量呢?原因就是犹太商人善于发掘潜能。很多民族就忽略了这些潜能。

在许多次与犹太人的谈判中,犹太商人都表现得惜时如金。

他们形成了一种犹太民族的合力,凝固成一种恒久的辉煌,他们殷勤地、认真地铺着自己脚下的路。时间就是生命,时间就是商机。了解了犹太人的这一特点,才能更加有的放矢地与他们谈判。

犹太人擅长赚钱是出了名的,然而他们善于管理的一面却少有人提及。如果你去分析那些不同的"传奇成就",你就会看到,是警觉与奋进成就了他们独树一帜的管理风格。犹太人总有一个清晰的定位和目标:追逐利润。他们认为做企业不是讲政治,也不是讲哲学,而是要赚钱。犹太人不会作秀,没有价值的事情他们根本不会耗费时间去做。在现代商务谈判桌上,真正的好对手应是——犹太人。

我们的生意伙伴中不少都是犹太人,多年来和他们友好合作、共同竞争,从他们身上发现不少闪光点,在与犹太人谈判的过程中,我感受到了犹太人极强的时间观念和商务信誉。

与犹太人进行谈判,从细节到整体,他们都会有充分而缜密的准备。他们对数字尤为敏感和认真,在财务上更是一分不让。作为他们的谈判对手,你必须认真而有耐心。如果你是一个成熟的现代商务谈判高手,那和犹太人的谈判一般会有一个很不错的双赢的结局。他们虽然有时也会斤斤计较,但他们在珍视自己时间的同时,也尊重对方的时间,不会轻易地为了某些不重要的因素而把大家的时间浪费掉。

许多犹太商人认为,人间没有永恒的夜晚,世界没有永恒的冬天。他们不愿被裹挟着向前,他们总是能把握一切可能的机遇。尤其在商海里,在企业的管理层面上,找不到拖拉和马虎不认真的现象,他们的工作效率建立在自我加压的基础上。在美国的犹太商人,大都成绩卓绝,不得不让其他人刮目相看,和这样的对手打交道是不错的历练。

与印度人谈判

有人说印度人是亚洲的阿拉伯人,也有人说他们是亚洲的犹太人。

在谈判中,你会越来越多地接触印度人。

该怎么定义印度人的谈判风格,是一个比较困难的问题。他们不远也不近,不冷也不热,不急也不躁,他说的你虽常常听不懂,你说的他却句句都能听得清,虽说他们很难成为私交好友,却可以成为不错的商务伙伴。

与印度人进行现代商务谈判,要有足够的耐心,但最终他还是很难相信你。他不相信双赢,他的标准是能少付钱就少付钱。他相信海绵中还能挤出水,骨头里还能榨出油。他会不厌其烦地讨价还价再讨价还价,直至把你磨得精疲力尽。

被人们誉为亚洲犹太人的印度人,和他们谈判可不是一件轻松愉快的事。轻的,他们能把你谈得精疲力尽;重的,他们能把你带进沟里,而且还能让你分不清东西南北。

有人说,让犹太人抓狂的方法很简单——告诉他他掉的那一分钱找不到了……

有人说,让印度人抓狂的方法也很简单——告诉他他掉的那一分钱掉到了沼泽地里,去找吧……

这话听起来好像有点偏执,实际上是有过之而无不及。

让人又爱又无奈的印度人,在谈判中可能会使你接近疯狂。在我们看来很正常的一件事情,到了印度人那里,往往就变得不可思议,甚至很荒唐。

我们承接了印度人的两项工作,作为客户的印度人千百般地要求,明明是件普通的工作,却提出了成百上千的要求。问题是,当工作完成后,却要求付出最低的报酬。当同意了他可以付最低的报酬时,他又开始百般刁难,想方设法找"问题",查"漏洞",想达到不付任何报酬,让我们给他白干的最终目的。

在与他们的谈判中,发现相当一部分印度人的观念,是我的是我的,你的也该是我的,你的劳动和我的一样不值一分钱,他有的是时间来消磨你的意志。

我们遇到的问题是,正常的情况下人们都可以考虑到对方的利益,静下心来商量,通过商量来解决问题,可有些印度人的思维中似乎没有对方的存在,在他们心目中只有自己,只想到自己不付出,这点似乎没有商量的余地。

一般说来,在现代商务谈判中,印度人是极认真的。他们严谨,注意细节。在日常的工作中,可爱的印度朋友幽默感是没有的,任周围的人笑得天翻地覆,他们依然岿然不动、不动声色。

客观地说,印度人的整体英语水平比较高,更重要的是他们做事很认真、很踏实,而且他们的团队意识非常强。但在他们的心目中,往往不把自己当成东方人,一旦他们作为个人,哪一天"鲤鱼跳了龙门",他们首先想到"脱亚入欧"的美梦。他们虽身在亚洲,但或多或少都有一种说不清、道不明的"欧洲"情结,他们不是太在乎东方人的感觉,而是更在乎西方人怎么看。

因他们受商务社会的影响较久,一般情况下,他们还是遵循着平等交换的商务法则来进行合作的,而很少用那种不成熟的"坑害、欺骗"的方法来做业务。所以在和印度朋友的合作中,你可尽量地沉下心来,一点一点地搞懂他的英语,耐心地听完他给你讲的故事,冷静地和他讨价还价,平和地和他们打"太极拳",慢慢地你和他们的合作也就水到渠成了。

在世界各地,印度人在人口的增长速度上和财富积累的数量上骤增,不可小视。

我有一个好朋友,他住在一个特别高级的社区,他不喜欢印度人。他曾大言不惭地对我说:"要是我的邻居是印度人我立刻搬家。"几年过去了,等我再见他时,他无可奈何地告诉我,他现在的家已经被印度人包围了。

在现代商务谈判中,印度人看似没有很强的攻击性,其实不然,他们的攻击是柔软的,不着边际的,没有规范的,不按常理出牌的。其实他们不亚于俄国人的凶悍,犹太人的精明。

有人评论印度人是亚洲的犹太人,从财富的积累速度上看,在最近的这些年中,印度人在北美地区积累财富的速度是惊人的,他们把同是亚裔的华人、韩国人、蒙古人、菲律宾人远远地甩到了后面。他们拥有连锁旅店、连锁加油站、咖啡馆等。他们拥有华尔街高管的位置,他们在软件业称霸。他们形成了自己的产业链,他们有自己的渠道。他们有大量的医生群体。但他们挣钱却不消费,所以如果你留心观察就会发现，在北美地区，哪里的印度人成群，哪里的零售业就一蹶不振。但是，如果哪里有了印度人开的商店，那么那里就有了其他店不能比的价格优势。他们把一分钱掰成几瓣花。他们有丰富的人力资源，他们可以用英语流利地和各个民族的人顺畅地交流。

在谈判中，很多人说印度人战斗力差，但这并不意味着跟印度人好谈判。他们的"软功"一流，当你出手时，他缩起来，可当你刚刚收手时，他瞬间就又膨胀起来。不管你用什么样的拳法，都很难打到他的要害。他们同时又极善于伪装，往往让对手找不到明确的目标。

在十几年前的北美大地上，那时的印度人最典型的形象是这样的：年龄在四十左右的蓬头垢面的印度老哥开着有五十年车龄的老爷车。他们开着这样的老爷车，一边东张西望，一边左右摇晃着快速地驾着冒着黑烟的车在赶路，真不知道他们要开到哪里去，也不知道他们的车会在何时熄火。

斗转星移，多少年过去了，印度人的形象有了很大的改变。在我们办公室的楼下，几乎每天都能看到几个西装革履的印度年轻人，喝着咖啡高谈阔论。

在与印度人的谈判中，无论你是多么好的现代商务谈判高手，和印度人谈判都是非常困难的。首先，他们不会按常规出牌，其次，他们对细节和无关紧要的环节表现出超乎寻常的关注，如果你想通过讲事实、摆道理来说服他们，那简直就是痴心妄想。他们不但不会听你的观点和道理，而且会故意岔开主题。他们还会模糊主题，让谈判对手不知道他们的底线在哪里。在每一个细小的环节，他们会咬住无关紧要的细节，直到把谈判对手拖得精疲力尽时，才会放出他的牌，使得对手不得不接纳他们那无厘头的条件，这就是为什么印度人采购的东西大都会是最低价的。一般来说，美国人经营不好或者经营不下去的产业，卖给印度人之后往往起死回生。一般人坚持不下去的时候，印度人却还能挺住，他们的耐力一流，不屈不挠的精神让人佩服。

通常情况下，在与印度人谈判中，首先要有打持久战的心理准备。在他们复杂的脑子中，总有那么多的想法。他们往往会先挖一个美丽的、色彩斑斓的，甚至是如梦如幻的大坑，先诱导你进来，再把你"套住"，然后一点点地"套紧"你。当你意识到这个坑有多深多大的时候，已经由不得你了，他们就开始了他们随心所欲的东拉西扯，故意不得要领地不谈主题。他们深知一鼓作气，再而衰，三而竭的道理。等你精疲力竭之时，他们才会考虑结束谈判，当然，这时达成的协议，已经被他们挤压得没有利润可言了。

在印度人群体中,他们内部相对比较团结。但是,印度人和外族人的合作是非常困难的,尤其是和华人更难合作。有的人说:"我遇到的印度人不错。"你说得对,但是,你说的是遇到的,而不是和你打交道、做业务、谈生意、进行谈判的印度人。

印度人喜欢凑堆,他们注重社会关系和家庭关系,往往是一个印度人带来了一群印度人。

他们总是首先相信他们自己群体中的言传身教。

与印度人进行谈判,一定要说说他们的团队精神,尤其是在美国的商务圈子里,他们内部的团结,给对手、客户都留下了非常深刻的印象。他们很大程度上可以说是靠团队占领了资金台阶比较高的旅馆业,攻下了不容易管理的加油站行业,占据了快餐业的制高点。另外,高科技的外包也有了他们的份额,远程技术支持也几乎被他们垄断了。时光荏苒,印度人凭着他们的努力,不声不响地闯出了一片天地,让所有人刮目相看。

在商务领域中,不断取得成功的印度人,用辛勤的汗水赚来的钱,不断地"攻城略地",买豪宅、建大屋、上常春藤、进华尔街、建商务中心、建医院,一个个带着印度口音英语的精英们,不时在公众眼前出现,要进行商务谈判,想避开印度人是不现实的。

在美国的旅馆业,普通的旅馆几乎被印度人垄断了。十年前,我在和朋友一起买旅馆的过程中，深深地体验和经历了与印度人进行现代商务谈判时，他们表现出来的锲而不舍的精神。他们想方设法地砍价，价格是砍了又砍；他们要卖旅馆，卖的几乎是最高价，基本是一分一厘也不让。尽管你有足够的理由和耐心，也说服不了他们。如果有谁想说服印度人让价，最好还是放弃这种想法，因为这是不可能的事。但是如果是印度人来买东西，那么大到旅馆、房地产、汽车、电脑，小到工具、饭菜、日常用品，如果他得不到他想要的价格，那他决不会罢休，他们体现出来的百折不挠、锲而不舍，在让你不胜其烦的同时，还不得不佩服。

印度人在商务运作方面很讲团结，经常看到他们几个人合作，共同买下一家旅馆，然后不断地发展，过不了几年，几个合伙人就先后分别成了拥有一家或几家旅馆的人了。

在现代商务谈判中，印度人的长项是他们的耐力和看起来的平静。一般的旅馆前台要有三个人轮流值班，每人 8 小时，三班倒。可在印度人开的旅馆里，他们常常只要一个印度人就可以了，他可以吃在旅馆，住在旅馆，一个人 24 小时值班。

在这些年和印度兄弟的合作和竞斗中，尤其是在现代商务谈判中，客观地说，我们是输多赢少，但不能因其胜多而不与之合作。常言道："知己知彼，百战不殆。"学习他们，了解他们，甚至花点时间研究他们,逐步地了解他们,争取能和他们打个平手,就不错了。

印度人的服务意识比较差,我曾乘印度人开的出租车去赶飞机。在去机场的途中,他慢悠悠地拐进加油站去加油,使赶飞机的我急得上蹦下跳,可他自己却还是十分悠闲,毫无愧意。

另外,你看美国人经营的星巴克咖啡馆,为了客户的需要,努力提供各种方便,留住客人,在咖啡馆四面的墙壁上,设满了电源插头,想尽办法为顾客服务,让顾客满意。但由印度人经营的大部分咖啡馆,却把咖啡馆墙上的电源接口堵上,目的是要你喝了我的咖啡,用完了你电脑的电池,就早点离开,把位子腾出给别人。这是典型的短期行为的思维模式。这在住印度人开的旅馆时表现得更为突出。在印度人的旅馆中,擦脸的毛巾能把你美丽的脸"划破",他们缺少服务意识的程度大大超出你的想象。

在现代商务谈判中,他们还会明知要点在哪里,却故意把焦点模糊掉,把要点藏起来。初看起来,印度人似乎是逻辑混乱,却不知他们是棋高一着。他们用这种看起来不着边际的方法赢过了不少聪明的江湖中人,甚至是一些被称为商场人精的犹太人。所以,在讨价还价这一点上,从实际的效果上看,他们在很多时候不亚于犹太人,甚至还胜过了犹太人,更是超过了中国人。

在现代商务谈判中,在有印度人的谈判场合中,不可轻敌。他们看似简单的方法和策略,却耗掉了许多精英的聪明大脑。

可爱又有点可气的印度人,在现代商务谈判中,他们常常让你感觉胜得窝囊,败得没道理,想起来心烦,只觉得往事不堪回首。所以,遇上印度人这样的对手,还是要耐心、耐心、再耐心。一旦现代商务谈判结束了,一旦仗打完了,就忘掉他们的烂账和烂仗。当你在业务上遇到印度人,首先要正视他们,不可为他们表现出来的弱小或强大所迷惑。当你站在和他们对垒的擂台时,要么就打持久战,要么就举起免战牌,避开他们,重新乐观地去寻找新的商机。

虽然与印度人的现代商务谈判让人五味杂陈,但我由衷地佩服印度人的韧性和不言败的特点。印度人的坚持、耐力、接受现实、融入社会、不屈不挠等优秀的品质是值得我们学习的地方。

2016 年冬天,一个印度客户因为生意上的问题,和我们打得不可开交,我们双方剑拔弩张、势如水火。在谈判中,我们双方打得一塌糊涂,曾经为了各自的利益互不相让,几次谈崩了,崩了再谈,反反复复。尽管彼此攻防多次,还是为了一个共同的目标坚持了下来。

和印度人谈判,要注意确保不仅达成口头协议,要尽量保障与印度人签订有效的合同。

我们在 2006 年的时候,投资一个商务地产,地产的主人是印度人,当时,他为了推销自己的地产,口若悬河,说他的地产如何如何好。这个地产就在我们公司的旁边,他的地址号码和我们公司的地址号码是连着的。我们看中了这个位置,觉得搬家很方便,为此我们出了一个很不错的报价,印度主人很爽快地答应了。然后,我们就进入了资金调度、申请地契等各项准备工作。那个时期,确实是商务地产的低谷时期,在各项准备就绪的几个月后,当我们准备过户、交接地产的时候,印度人变卦了,因为他有了新的想法,他毫不犹豫地撕毁了已经存在和几乎执行完毕的文件和合同。就这样,我们只好承受了不小的损失,不得不接受他们失信所给我们带来的一系列问题和后遗症。

印度人的耐力是一流的,而且耐挫折感也是一流的,相对来说,中国人的耐挫折感就差多了。你可以和印度人争吵,可以和印度人打得不可开交,但回到现代商务谈判桌上,还是随时可以重新开始,该干什么就干什么,不会因先前争吵得面红耳赤而放弃彼此的交易。而和中国人,你是不能吵的,一旦发生争执,那么就会覆水难收,他能不顾利益,为了面子和情绪,宁可丧失利益,也不继续谈判。

与政府和公权力间的特殊现代商务谈判

有几种现代商务谈判对象很特殊，与他们的现代商务谈判谈得很艰难。他们是政府部门、连锁经营的发包者、军队及有关具有公权力的机构等。

这几者当中最难的应该是政府部门，虽然属于现代商务谈判的范畴，但他们往往和你不站在一个平台上，他们掌握了公权力，他们有权制定规则，有权定价，所以如果他们愿意，他们可以把对的说成错的。他们因占有特殊的资源，你很难与他们抗衡，也很难说服他们，更别提双赢了。他们习惯了做永远赢的一方，尽管他们的智力、能力、学识在谈判上可能远远不够，但这不影响他们成为赢的一方。

在与政府部门的现代商务谈判中，你根本就不跟他们处在同一平台，你必须随着这种特殊环境调整你的谈判方法和方式，投其所好、灵活机动、随机应变，以达成协议。

现代商务谈判的艺术
THE ART OF
NEGOTIATION

第 4 章

现代商务谈判的效果
和作用

双赢的现代商务谈判——拿走你的所需,取走我的所求

现代商务谈判在整个商业运作的链条中,是最为关键的一环,它不但需要智力和实力,更需要策略和智慧。现代商务谈判是一个动态的过程,输赢取决于时间、条件、方法、策略、人员、实力、环境等诸多因素的影响和制约,谈判的结果,与客观条件和主观的努力程度相关。同样的条件,不同的谈判者,可以把商务谈判谈出很不一样的结果;同样条件的商务谈判,采取不同的谈判策略,也会谈出不同的结果,发挥出不同的谈判作用。

在多种谈判结果中,双赢的谈判是商务谈判中最佳的境界。

在实际的商务谈判中,很多时候谈判的输赢很难界定,尤其是当输赢远不以得到金钱的多少而论时。真正的谈出双赢的结果,是需要技巧和策略的,而且要有影响谈判方的价值观的能力,找到不同价值观的接合点,才能达到双赢的目的。

所谓的价值观的接合点,就是各自所需的东西。面对同样一头猪,如何分?一人一半,不一定是各方所需,有人想要猪头,有人想要猪腿,有人想要猪的肋骨,这就是各取所需。好的谈判者,能够把各自所需恰当而合理地安排好、切割好,让各方满意、接受,使各方

感到自己得到了所想、所需,各方均认为自己是赢家。

谈判贯穿在生活、工作的每一个环节中,许多人把谈判看得很神秘,其实不是。生活中离不开谈判,工作中也离不开谈判。谈判是磨合的必要手段,是达成共识的工具,在商业运作的每一个步骤,均需要谈判来达成协议,对谈判来说双赢是重要的,而各取所需是更重要的。

作为谈判者,有一个重要的理念,就是谈判对手不但是对手,更是合作者。要学会有技巧地力争自己的权益,同时更要学会及时与自己的谈判对手握手。

在日常生活和工作中, 常常听到人们谈论某某谈判谁赢了谁输了。人们习惯了把输赢作为标准,评定和判断谈判项目的结果,殊不知,许多事是可以超越输赢的。谈判就是如此,我认为最好的谈判就是双赢的谈判。

双赢的谈判是一种结果,也是一种境界,好的谈判手,要追求的就是谈判结果更好、更高、更令人满意,尤其是令谈判与双方或多方达到满意。这种双赢的谈判结果,是谈判的最佳效果,是一个好的谈判者所追求的高境界的谈判效果。

这样双赢的谈判会使得谈判方都能得到自己的所求, 要能达到这样的效果,就需要谈判者具有高超的谈判技巧和策略,更要具备足够的知识和信息,还要有灵活的掌控力,也要具备优秀的心理素质,更要具备企业家的宽阔胸怀。

双赢的谈判,会更有挑战性,谈判者要有化敌为友的能力和心境,有政治家的远见卓识,也要有科学家的缜密的思维,还有演说家般的口才。

具体来讲,双赢谈判其实是成功地用自己相对充沛的资源去置换对方或者某一方的资源。

比如最近在宾夕法尼亚州的一个项目的谈判,参与开发项目的几方,为了一个共同的目标,在项目推进中走上了谈判桌。

这是一个综合项目的开发,是对原来的工业小镇进行再建。这里原是一个小型铁矿所在地,随着铁矿石的开采,资源越来越枯竭,小镇的核心竞争力慢慢地变小。开采铁矿的需求也越来越小,随着需求的减少,人口不断流失,使得小镇越来越萎靡。但这里的工业基础好,基本设施基础好,最为重要的是这里的交通位置,有着极为巨大的发展潜力。

现在,州政府确定重新开发这个小镇,基于这里交通便利、位置极佳、风景秀丽,项目建设将以旅游为重点,重新带起小镇的繁荣。

参与承接项目招标的几方汇集在小镇,根据政府提供的规划和资源进行竞争和合作。谈判方根据各自的优势,经过认真、激烈的推演和谈判,达成了均满意的效果,谈成了包括政府在内的多赢局面,项目已经在各方的积极参与下,开始了建设工程,进展极为顺利。

现代商务谈判输赢——博弈代替分享

追求成为商务谈判中的赢者,这本身没什么错,但作为一个成熟的谈判者,如果任这种争输赢的心态左右自己,那么很可能就会在谈判中患得患失,其结果可能会恰恰相反,求赢者可能会成为谈判的输者。

这种急功近利的情况非常普遍,甚至发生在许多商业大佬的身上。他们总是自以为掌握或找到了高明的谈判技巧,时时表现出一副傲视群雄的姿态。

客观地说,在商场中打拼多年的商业从业者,聪明者不乏其人,能够在商场中立足,虽有高下之分,但智力因素绝对不是最重要的。

尤其是在现代商务谈判中,利益交换是核心点,在这样的前提下,谈判者应该放平心态,功利之心虽不可无,但不宜太重;胜负之念可有,但也不可太重,起码不能作为商务谈判的基础或所追求的信条。

放平心态,会使得谈判的效果更好,形成一个比较利于双方的结果。

当然在现代商务谈判中,只论胜负的谈判比比皆是,但是,这样的谈判所带来的后果却是很不理想的。作为商务谈判的双方,谈判只是交换的平台,在这样的前提下,商务谈判就是在寻找彼此的共识,彼此的平衡点,而输赢的结果,却可能打破这个动态的平衡。如果非要谈出一个输赢的结果,很可能也就谈成了一锤子的买卖,过度追求赢,就是变相地赶走你的客户、你的合作者。每个人心中都有一杆秤,失衡的结果,很可能是使其放弃将来的合作。这样一来,过度追求赢,实际上就可能变成了输。作为成熟的商务谈判者,给自己争取最大的利益,没有错,给对方留下一定空间,也是非常重要的。

对商务谈判的参与者来说,正确地理解和解读输赢,则是更重要的。

双输的现代商务谈判——两败俱伤,得不偿失

许多人没有注意,在你的身边,在你自己的生活中,在你的对外交往或商业运营中,几乎每天都有这种双输的谈判发生。

谈判出现双输的概率极高,只是没有被当事人察觉到、认识到而已。

谈判双输比比皆是,双输的谈判时时在发生,尤其是华人群体中,双输谈判出现的概率格外高。

我做过一些统计,华裔的双输谈判,要比其他群体的概率高出十几个百分点。

你不妨留心观察一下,在我们身边,经常有人为了赌气,为了恩仇而意气用事,把本来一个理性的谈判行为,不由自主地转化成一种对立行为,即变成"吵架",这样一来,一个很好的商务谈判的平台,成了一个展示"肌肉"的场所。一个需要专业能力的谈判,变成了斗气场,使得一个很好的项目,变成了你不能有、我也不能要的谁都没有收益的残局。

这就是谈判者误把谈判当成斗争的舞台,实际上,现代商务谈判远不是这样, 也不应该是这样。这样做是把谈判的基础设定错

了,以这种方式参与谈判的谈判者,是极不成熟且不专业的。

当然，在谈判过程中，可以用不同的表现形式促成谈判的进展,但要明确,谈判中既要放得开,更要收得拢。要做到长袖善舞,进退有据,时时不可忘记谈判的本源和目标。

造成双输谈判的原因有很多,文化背景、习惯、习俗、对谈判的认知,谈判者的不敬业、不专业、急功近利、自私、以我为中心、心理素质差等等,但最为重要的一条,就是没有理解商务谈判的本源和目标,过度地把个人的利益、情绪、感觉,带进了需要专业素养的商务谈判中,个人至上,忽视对方的利益和感受。

双输的谈判是最糟糕的谈判,它会给自己,给对方造成物质上和精神上的极大伤害和损失，既损人又不利己。双输谈判的结果是违背谈判本源的谈判,是谈判者最应该注意和避免的一种谈判形式。

要避免这种双输谈判,作为谈判者,除了加强自身的业务素养之外,还要接受专业的训练,提高对谈判的认识和理解,理清谈判的意义和作用,克服急躁心理,学会分享,明白商务谈判的目的,逐步克服以自我为中心的心态,逐步改变和提高谈判的水平和能力,力争把双输的谈判谈成双赢的谈判。

拖延进展的现代商务谈判——不输就是赢,善打阻击战

在现代商务谈判中,有一种特殊的谈判,是为某一种目的而不得不进行的拖延进展的谈判。这种谈判,看起来没有道理,可在某些特殊的情况下,是非常必要的一种战略措施。我们知道,谈判是一门艺术,更是一种工具,有时商务谈判需要进攻,强力推进,要摧枯拉朽,风扫残云般地攻城略地。有时商务谈判则需要高筑城墙,不进也不退,拖延时间,耗掉对手的精力,然后选准时机,组织进攻,吃掉对手。

拖延谈判是一种策略,一种战术,是一种为谈判而进行的特殊谈判。

拖延谈判看起来简单,但实际上困难程度更高,既要把谈判谈下去,又不能有进展,这就需要谈判者的硬功夫。能把拖延谈判谈好的谈判者,非同一般,需要谈判者既不要把对手放走,也不要让对手进入自己的防区,拿捏好分寸,掌控好进度,这不是那么容易做到的。

有时候,你看上某一个目标,但是此时此刻,自己的条件还不具备,比如资金不到位,人手还不足,但你又不能放弃这个项目,那

么这时就需要拖延谈判登场了。

在拖延谈判开始时，一定要以进为退，展示一种志在必得的态势和气势，注意绝对不可让对手窥出你的底牌，反而要在对方提出的要求上，大幅度地让步，同时要在彼此都认为重要的枝节问题上，紧紧抓住不放。只有这样，才能使谈判对手对你不离不弃，咬紧牙关坚持下去。

如果拖延谈判谈得好，就会首先达到拖延的目的，等自己一方条件成熟时，迅速调整策略，改防守和拖延为进攻，以迅雷不及掩耳之势，一举拿下对方的堡垒。在这个过程当中，好的谈判者会注意观察自己拖延谈判的策略，使得自己掌握了谈判的主动权，而且还会发现另一个重要的契机，就是在谈判开始时的许多竞争者，已经纷纷离去，在谈判桌上，由于你的拖延战术起到了关键作用，竞争者离去了，谈判对手此时不得不只能和你谈判了，在这个节点，你要及时地抛弃那些枝节问题，把最初的原则性问题再拿回到谈判桌上。

这时的谈判对手，基本上已经被你拖得身心俱疲，像任人宰割的羔羊一样了，拖延商务谈判的目的也就自然而然地达到了。

我们说过，拖延谈判是一种特殊的谈判，在特定的环境下、特定的时段上不得不用，但不可常用。毕竟，在任何时候，信用在商业运作中,是极为重要的。

完成谈判——速战速决,收获果实

在商务谈判中,完成谈判作为重要的一个环节,是收获的关键。

在实际的谈判过程中,许多人往往忽视了这一最为重要的环节,许多人喜欢谈判的过程,却不太注意谈判的走向,更不管谈判的结果。有些谈判者,很享受谈的过程,谈得兴奋,谈得神采飞扬,却忘记了一个重要的使命,就是谈判的核心价值,所有的谈是为了得到判这个目的。

在我们的谈判团队中,有一个来自北京的博士,他非常聪明,有着超一流的感知力和敏锐的观察力,在任何的谈判场合,即使在没有事先给他资料和信息的前提下,他都能很快地在谈判中迅速进入角色,及时地、恰如其分地融入谈判的气氛中,而且会适时、适度地进行铺垫,设局、挖坑、点炮、挂彩、诱导、引导。他是一个超一流的谈判二传手。

他的存在,极大地推动了谈判的进程,使谈判朝着对我们有利的方向发展。久而久之,我也形成了习惯,就是他不在场,我不开始谈判。他不点火，我不向前推进。我们配合得天衣无缝，相得益彰，一起攻城略地，啃下难以计数的硬骨头。

在我们的业务发展中，他立下了汗马功劳。但是，他有一个习惯，在谈判的后期，他却停不下冲锋陷阵的惯性，往往像一匹脱缰的野马，奔腾激越地往前冲，甚至冲过了底线，本来已到手的桃子，都不去采摘。

每当谈判进行到后期，我常常不得不挥泪斩马谡，换上我们团队的另外一个冷酷、谨言的犹太人比尔上阵，由比尔冷静而又客观、清晰地结束谈判，定下商务谈判合同的具体条款细节，为商务谈判画上完美的句号。

解决问题的现代商务谈判——分清主次，抓住要点

从宏观上讲，任何商务谈判都是解决问题的谈判，不过，现在要谈的解决问题的谈判，有着另外一层意思，就是针对某一个，或者某些特定问题的商务谈判。

这种针对某些特殊问题的商务谈判，应该算作最简单、最基本的谈判。这种谈判相对容易得多，目的性强，面对的目标单一，谈起来也比较容易。

但是,既然是针对问题的解决,就要准确地锁定问题的所在,明确解决问题的措施。这时一个很容易被谈判者忽视,但却经常发生的情况是,解决问题的谈判,谈的问题越来越多,而使得谈判双方陷入僵局,而使得本来解决问题的谈判,谈成了问题成堆,而不得其解。

造成这种情况的商务谈判,主要原因是谈判者模糊了要点,对所要解决的问题,没有一个极为清晰的认识和了解。

谈判者要紧紧地抓住问题所在,对要谈的问题,不扩大、不失焦,压缩问题枝节,层层剥离、步步剔除、扫清外围,找到问题的核心,点明问题的要害。

在这种明确问题的商务谈判中,谈判者要明确而清晰地点明问题的所在,找到造成问题的根源、解决问题的方法,了解问题的存在对谈判双方的影响甚至是伤害,使得谈判的双方对解决问题在原则上达成一致。

这样一来,在双方有了共同认知的基础上,解决问题的谈判,就真的成了一个容易操控、容易掌握、也容易达成目标的普通的商务谈判,也就成了一个相对简单的商务谈判了。

最好的现代商务谈判是不谈判——谈判的最高境界，是不战而屈人之兵

商务谈判的内容和表现形式，千变万化但万变不离其宗，谈判是手段，而不是目的。如果目的达到，皆大欢喜，谈判也就没有必要了，所以，最好的谈判者是不谈者，最好的谈判是不谈判。

怎么理解最好的谈判是不谈判，对这个概念有三种境界：第一种是不战而屈人之兵，不战而达到战的目的，不谈判而达到谈判的目的。

第二种是造成一定的态势和条件，不用上谈判桌，就得到了想要的东西，省下唇枪舌剑的功夫和气力。

第三种是大智若愚，事前制定规则，形成口碑、品牌，让愿者上钩。写到这里，突然想起一个记忆中的场景，那是很久之前的一个小故事。在中国还没有改革开放之前，记得有一个商人，其实是一个很有智慧的老人，当和发小聊天时，又谈起儿时买糖葫芦的故事。那时，由于经济管制，任何交易或贸易都被列入资本主义，而被禁止。那时，有一个卖糖葫芦的老人，他卖糖葫芦制定了一个规则，就是每串五分钱，你给他一毛钱买两串，他不卖，只卖五分一串。许

多人笑他愚,可大家都喜欢拿出五分钱,来踊跃地买他的糖葫芦。

这些年来,我对这个小故事一直记忆犹新。以前总觉得这是个小笑话,一直没有认真地想过,也不完全理解老人的用意,直到今天,才突然明白,他这样做是蕴含着深意的。我们认真地去想,一定是他制定了规则,再也不用费尽口舌地每次与客户谈价格,他节约了时间,这就是他独特的生意"法则"。

有人笑他迂腐,我们多年来也一直当成笑话来谈这件事,殊不知,这是最原始形态的谈判,是最好的谈判的实际运用。当然,老人还有更为深刻的用意,他不但不愚,而且有着独特的思维方式,老人让别人以为他是"傻"老头,这样一来,他就可以堂而皇之地做生意了,同时还有了独特的推销术。

几十年过去了,一直觉得是个好笑的往事,今天,在谈到谈判的进程的时候,才突然意识到老人的智慧。

我们这些商业中人,竟然到今天才突然悟出了这么浅显的道理,他的行为方式,竟然与现代商务谈判的理论如出一辙。

在现代商务谈判中,促成不用谈判而达到谈判效果的因素也有很多,根据实际情况的需要,制造条件、创造条件,在设防的地方加固,在冲击的地方蓄兵,促成不必进入谈判环节就能达到目的,这才是最好的谈判,是不用谈判的谈判。

最好的现代商务谈判是不谈判，谈判的最高境界是不战而屈人之兵。

现代商务谈判的艺术

THE ART OF
NEGOTIATION

第 5 章

现代商务谈判的技巧
和策略

以退为进，守住底线

现代商务谈判是一项高智力的劳动，在现代商务谈判的进程中，强弱、进退、大小、高低，会随着现代商务谈判者的智慧表达，而动态地变化和起伏着。很多时候，进是为了退，退是为了进，兵无常势，知兵者，必为好帅。

好的现代商务谈判者，必是局势的掌控者，不以小利而趋之，不因短势而避之。

在现代商务谈判中，谈判双方各有不同的特点和优势，与高者谈判，不自卑；与低者谈判，不自傲。但要因势利导，在适时、适事的状况下，学会退一步。很多时候，以退为进，更能有效地达到现代商务谈判的目的。

以退为进，看起来是退，实际上是进，重点是进，是通过退的方式，而达到进的目的。

在现代商务谈判中，根据实际情况，有意识地表现出退的态势，是为了避开对方的锋芒。很多时候，这种方式是为了展示给对方一个低姿态。退是一种策略，用退的方式，测试对方底牌，退常是为了积蓄力量，为下一个冲锋陷阵做准备。退还是为了表示一种诚意,一种修养,一种内涵,一种胸怀,一种大度。

在与高手进行现代商务谈判时,虽然在许多方面自己不占优势,但用好退的策略,往往能达到事半功倍的效果。

我们在大西洋赌城的一次现代商务谈判中,对方是大西洋赌城的世家,祖孙三代在大西洋赌城的不同商务领域经营着不同的生意,有雄厚的物质基础,更有丰富的人脉关系网,无论在哪方面,他们的实力和基础相对于我们来说都很强。在这种情况下,我们就不可用在纽约常用的方式,在谈判时进行强攻,而是要智取。我们适当地采取了"退"的策略,给足对方尊重,这样一来,使得我们在与他们的现代商务谈判中,巧妙地避开了对方的优势,使谈判的效果超出了我们事前的设想,收到了比预想还要好的结果。

在与强手谈判时,适当地以退为进,会真正达到进的目标。在与弱者进行谈判时,适当地放下身段,这是一种不可忽视的现代商务谈判策略,也是做人做事的一种修养和涵养。

以退为进的要点还是进,退是策略、是表现形式、是姿态、是手段,进才是目标。在现代商务谈判中,最忌讳身段太硬,最忌讳"赌气"。作为现代商务谈判者,在任何时候不能忘记自己的使命,在使命的要求下,该退就退该进就进,退是为了大踏步地进,昂扬地进当然更好,不过世界上的路是曲折的。调整好心态,勇敢面对,一切为了目标,用退的方法,缓解现代商务谈判的紧张局势,待对方松懈下来,露出可能的弱点,然后找到新的契机和攻击点,再铆足全力、迅猛进攻、一举拿下,不但能破除僵局,而且能取得胜利。

以进为退,善追穷寇

以进为退的谈判是人们最常用的现代商务谈判方法, 通俗地说,也就是高价低卖。最初的要价要的是高价,最终成交的看起来好像是低价,但也是己方的定价范围,这样,有意识地给对方留有砍一刀的余地以达到成交的目的, 这是以进为退的一种表现形式之一。

在综合性的现代商务谈判中, 以进为退是一种常用的策略和技巧。

作为现代商务谈判者,你首先要明白,进的区间,不要触到对方的底线,更不能过线,但也不能不触痛对方。所以,对进的尺度的拿捏非常重要。进得太多,把对方"戳破",会使正常的现代商务谈判谈砸了;进得太少,没有触痛对手,那就没有任何作用,起不到以进为退的策略效果。在实际的现代商务谈判操作中,要进得迅速,收得敏捷,张弛有度,牵着对方的鼻子走。

要达到这个效果,就要求现代商务谈判者精准地收集信息,掌握所有相关资料,知己更要知彼,有足够的数据、资料、细节、走向的掌握和判断,才能做到放得开,收得及时。进是为了退,在退到自己的底线之前,达到自己的目标。

以进为退策略的应用,尤其是作为现代商务谈判者,弱方要注意使用的一种谈判方法。

在现代商务谈判中,本来就处于劣势的一方尤其要掌握和运用这一法宝,用好这个策略,弥补自己实力的不足。在这个方面,朝鲜的现代商务谈判者就善用此道。他们以弱制强,用冒进的表现形式,来达到自己的目标和利益要求。虽然他们的现代商务谈判策略应用得不是很娴熟,但他们以弱制强的案例,值得关注和分析。

在现代商务谈判中,以进为退,不是冒进,不是无休止地进攻,更不是意气风发地挥斥方遒,而是一种极为理智的布阵方式。掌握和控制好每一个细节,在现代商务谈判前的路演中,要把各种可能出现的情况预估到,备好各种应变措施,因为任何一个疏忽,都有造成全盘皆输的可能。

这种表面看似"大张旗鼓"的现代商务谈判方式,实际上是一个极为理性的谈判方法,也是一种极难掌控的谈判方式。

在 2010 年,我们拿到一个综合开发的项目。当时争夺这个项目的竞争者有七家之多,通过我们事前的了解和搜集资料,对手一个比一个强,如果按常理出牌,我们的胜负在两可之间。在这种前提下,我们认真地分析了所有的资料,认识到要拿下这个项目的谈判,只能出奇兵。以强者的姿态,以进攻的方式,抢占制高点,我们在其他几方还在困惑犹豫的状态下, 先下手为强, 反而拿到了项目,达成了现代商务谈判的目标。

这种以进为退的策略和方法,在现代商务谈判中其表现形式,多种多样、变化无穷,要掌握核心要领、运用自如,需要一个历练和实践的过程。

明修栈道,暗度陈仓

这是现代商务谈判中最为常用的一种策略。

现代商务谈判是一种变化莫测的智力游戏,同样的谈判条件,同样的客观环境,同样的对手,同样的要求,不同的现代商务谈判者,用不同的谈判策略和技巧,就可以谈出完全不同的结果。

同样的切入点,不同的谈判谋略,可以谈出辉煌的成绩,也可以谈得一塌糊涂。关键的差别是谈判手所具备的素养,所运用的策略。

在现代商务谈判中,谈判双方所具备的条件是动态的,世界上唯一不变的东西就是——变。时空在变,条件在变,位势也在变。在这个变的过程中,现代商务谈判者,可以接受现实,也可以规范现实的条件,更可以转换不利因素为有利因素,还可以设局,模糊焦点、诱导对方,设定一个假设的目标,佯攻在前,重点突击另一个方向,集中用力在不同的要点,使得对方措手不及,防不胜防。

明修栈道,暗度陈仓,要点是将对方的注意力转移,在恰当的时机,突然出手,出重手、出狠手,一击而破,达到现代商务谈判的最终目的。

在变化不定的现代商务谈判中,在现实的环境和条件下,可取、可用的资源、条件,多得数不胜数。在一个综合性的现代商务谈判中,可操控的因素极多,可利用的条件也很多,能将现代商务谈判转危为安的方法也很多。但制造障碍、诱导对手、出奇制胜,在安排和搭建的有利于自己的平台上谈,会有事半功倍的效果。

在错综复杂的现代商务谈判中,没有永久的对错,只有永久的利益。

现代商务谈判不但是实力的较量,更是现代商务谈判者充分发挥和展示智慧的机会和平台。

不同的现代商务谈判者,用不同的现代商务谈判策略,就会谈出不同的结果,签订不同的协议。

　　不得不提我们在纽约的哈德逊河西岸,也就是新泽西的最大城市纽瓦克城的一个项目谈判。我们的黑人兄弟,在与市政府的谈判中,开始遇到了官僚式的抵抗。我们知道,在现代商务谈判的难度分类中,与政府谈判,是比较困难的谈判类型之一。在这种情况下我们只好改变策略,先不谈项目的利益和项目的技术问题,而是重点谈这个项目对市政的贡献,谈这个项目对城市改造的作用和意义。谈着谈着,现代商务谈判谈成了政治性谈判,谈着谈着,又把政治性谈判绕回到现代商务谈判,在火候到了之后,我们迅速地把项目的主要目标搬上现代商务谈判桌,在强力推进下,谈判形成了协议,达成现代商务谈判的目的。

有所为,有所不为

　　有所为,有所不为,找到重点,放弃次要的东西,以达到现代商务谈判的主要目标,这是现代商务谈判的一个重要的思维模式。

　　现代商务谈判在形式上有时是近在咫尺的唇枪舌剑,在表达上有时又像是朦胧缥缈的远山的呼唤,有时和风细雨,有时雷霆万钧。

有人说,商场如战场,而现代商务谈判,何尝不是另一个斗智、斗勇,比力、比文又比武的特殊的战场。一场艰难的现代商务谈判谈下来,会耗掉多少智力、体力、精力,现代商务谈判不但是技术活,而且还是才智的比拼。

在现代商务谈判桌上,任何一个高手,都不敢说是常胜将军,但如果能做到维持较高的胜算概率,就可以说是不简单的现代商务谈判手了。

现代商务谈判实际上比政治性谈判涉及的因素还要多,在某种程度上说,现代商务谈判比军事性谈判、政治性谈判的难度还要大。因为现代商务谈判不像政治性谈判或军事性谈判那样强弱分明,更没有政治性谈判那样有明显的倾向性。

现代商务谈判者对自己的所弃、所求,有一个明确的警戒线。

价值观不同,认知也不同。同样的一个项目,有些人会认为是好的,也有些人认为是不好的。项目本身没有对错,只是每个人站的角度不同,诉求不同。正因为这些不同,现代商务谈判者在谈判中,就有了巨大的操控空间。

作为现代商务谈判者,需要清醒地知道自己的使命,自己的标的,自己的最大利益所在。不是核心价值的东西,要敢于抛出去交换,核心价值的东西,要不惜一切代价"抢救"回来。

失去和得到是相互的,是价值交换。

现代商务谈判者的思辨能力在谈判桌上有着极为重要的作用,是决定生死的因素。在现代商务谈判的攻防之中,哪里可以缓下来,哪里可以逼上去,哪里是绝路,哪里是悬崖绝壁,哪里是黎明前的黑暗,作为现代商务谈判者,心中一定要有非常清晰的认知和非常明确的概念。

2010 年的春天,我们有一个科技项目,就遇到取舍问题。

在项目收尾的工程中,委托方对正在进行中的项目,提出要改变技术路线。这对于我们辛勤工作了许久的科技人员来说不是一个喜讯。对这个新出现的问题,委托方和我们有了不同的认知。一场如何解开困局的现代商务谈判在我们双方展开了。

如何将这个改变了技术路线的项目,按时、按标准地完成,双方陷入了僵局。

从道理上讲,对方要负主要责任,中途改变科技路线,会造成很大的困难,成本的消耗也会大大增加。在这样的情况下我们的现代商务谈判团队,并没有因为对方的过失而去计较细节上的得失,而是着眼对方所具有的资源和潜力做了巨大的让步。而这个让步的举动,为我们带来了另外两份合同的签订。

在谈判中,我们遇到一些困难和多余的付出,但是政府委托方有更多的资源,可以在后续的项目中,给予我们更多支持。从最大利益出发,我们舍弃的是小利,得到的是新的、更大的项目的承接和签订,得到的是更为重要的利益。

有所失,有所得,舍去不重要的东西,全力保障重点的目标,得到你所要的东西。

选择比努力更重要

选择比努力更重要,现代商务谈判中尤其是如此。确定方向、确定目标,一个沿着正确的路径正常行驶的人,要远比一个疾走如飞,但是在错误的方向奔跑的人,更早达到目标。

现代商务谈判,首先要明确谈判的核心是商,而商的核心是交换。再好的现代商务谈判者,也要基于这个前提来谈判。找到自己的所需,提供对方的所求,界定交易的介质。再复杂、再困难的现代商务谈判,也不外乎这三点。

明白了这个前提,一个成熟的现代商务谈判者,首先要面临的是确定方向,而不是其他。

明白你要的是什么,也明白你能提供的是什么,理清思路,再坐到现代商务谈判桌旁,就能把看似复杂的问题简单化。

我们会经常听到许多不同的谈判故事，但现代商务谈判的核心，就是要与对方一起理清思路，找到交易的平衡点。

我们知道，由于个人背景不同，不同的人对待同一件事有不同的思维方式。比如教授、学者很敬业、很认真，也有足够的时间和精力，对事物的细节进行认真仔细的观察和研究，久而久之，这些教授和学者，就很容易形成一种思维习惯，就会善于化简为繁。

商务人士，尤其是企业家或者优秀的现代商务谈判者，一般都是化繁为简的高手，这是职业的要求，久而久之，也就形成了习惯。而在现代商务谈判中，大部分情况是需要这种化繁为简的能力的。而具备这种能力的一个起码的要求，就是知道和明确自己的选择，只有这样，才能节省有限的资源，才能事半功倍。

知道自己的选择，看起来好像很简单，实则不然。在现代商务谈判的实际进行中，许多谈判者还没有理清自己的选择是什么，就开始谈判。在这样的情况下谈判，事倍功半，这也是造成许多现代商务谈判冗长而无效的主要原因之一。

知道自己的选择包含了两方面的意思，一是明确自己的选择，二是明确这个选择的重要性。

在现代商务谈判中，选对了目标，选对了方向，选对了方法会事半功倍，游刃有余。相反，如果选不对，选不准，选不出，会效果甚微或者会毫无效果。

在现代商务谈判开始时，谈判者从起跑线上就要明确自己选择的要点，找到自己最需要的，抓住重点，纲举目张。

选择比努力更重要，策略是在正确选择的前提下，才能有效地发挥其效用和功能，才能更为明确地为目的而服务。

现代商务谈判是一个在界定的平台上，所进行的商务交易的游戏。既然是游戏，就有规则，有规则的地方，就有潜规则。

现代商务谈判，也有潜规则，它包含了许多内容，例如在现代商务谈判桌上应该用的语言表达、情绪释放，就有许多不言自明的要求。

在现代商务谈判桌上，针对要谈的主题，有些问题要谈清楚、谈透彻、谈明白，而有些问题却不但不能谈明白，而且需要掩盖，需要视而不见，需要言而不明，甚至需要沉默。

在现代商务谈判中，根据谈判的目的和要求，谈判者可以敞开思路进行谈判，但当话到口边的时候，就必须考虑什么要说，什么不说，什么现在说，什么将来说，必须有一个明确而清晰的界定。一个好的现代商务谈判者必须是一个一流的语言制造者，也是一个一流的语言控制者，更是一个超一流的语言过滤者。

现代商务谈判者不需要大嘴巴，也不需要小嘴巴。对现代商务谈判而言,嘴巴和语言不只是表达的工具,它们还是武器。

许多人也许有过这样的经历,学习一门新的语言,会单词、会句子、会书写,也会表达,但有些特殊场合,却不明白对方说的话是什么用意。现代商务谈判中的语言,不是聊天,不是讲课,不是解惑,更不是争吵,而是宣传、推销、做市场,把自己的观点推销出去。而且能够使得对方接受,使得对方心甘情愿地付出自己的资源,使得对方感受到自己的价值,使得对方乐意和你携手共进,只有这样,才能达到现代商务谈判的目的。

在现代商务谈判中,不但语言要过滤,情绪也要过滤。高兴不可以兴高采烈,生气不能随意释放自己的不良情绪,要保持冷静、优雅,不能让对方捕捉到你的心理变化,更不能用自己的不良情绪影响谈判的进程,除非你是用这样的手段来实现某一特殊目的。即使有这样的目的,也要掌控自如,不可随意表露。

在现代商务谈判的进程中,米粒小的漏洞,也会造成难以弥补的错误。无论在谈判的开始,还是谈判的结尾,每时每刻谈判者都应保持职业状态,不到协议的签署,不可有任何的懈怠。

尤其是在现代商务谈判的开局、结局的重要时段,选择比努力更重要。

欲擒故纵，诱敌深入

欲擒故纵的战法在现代商务谈判中是屡试不爽的好战法。

人们常说，上帝准备让谁灭亡，就会让谁先疯狂。在现代商务谈判斗智斗勇的过程中，充分体现着这个法则。

欲擒故纵是最常用的一种现代商务谈判策略，在没有摸清对方的底牌之前，给出空间让对方充分表现，甚至用诱饵吊起对方的胃口，引导对方无所顾忌地充分表达、发挥、膨胀，甚至促使对方脱离正常的状态。在这个阶段，要把对方的欲望点燃、放大，其欲望越疯狂，理智就越减少。要打一个非理智的对手，一般是不用太费气力的，道理就在这儿。

优秀的现代商务谈判者，可以煽风点火，让对方在不理智的情况下剑走偏锋，这时就应推波助澜，把火烧得越旺越好，让对方偏离轨道，在不理性的情况下，做出非理性的选择和决定，这样一来，结果正中自己的下怀。在适当的时候，找准时间点及时地收手，将对手拿下，取得现代商务谈判的主动权，达成既定的目标。

欲擒故纵这一策略，特别适合用于那些有暴发户心态的现代商务谈判者。他们由于文化和机遇、教育等原因，底蕴不深、遇事不理性,针对这样的现代商务谈判对手,欲擒故纵这一招很实用。

稳扎不稳打,耗掉对手的耐心

稳扎不稳打,耗掉对方的耐心,这也是现代商务谈判中遇到强手的时候,不得已而采用的一种谈判策略。

客观地说,能够在现代商务谈判中游刃有余的人比比皆是,但能够把现代商务谈判谈好的人,却不多,这是为什么?问题在哪里?

现代商务谈判涉及的东西极多,谈判双方具有的客观条件,谈判者自身的主观因素,如个人素养、气质、修养、内涵、耐力、韧性,等等,每一种特质都可能会影响现代商务谈判的进程和结果。

在现代商务谈判中,作为现代商务谈判者,如果发现谈判双方的不平衡状态,比如,在谈判中的物质条件,以及客观的因素不利于自己一方的情况下,单凭实力无法取得进展的时候,就要及时调整主攻方向,不妨从另一个角度入手,可以考虑不先在客观的条件上着手,而从对方谈判者的主观因素入手。

这就是客观条件不如他,主观条件做文章。稳住自己的阵脚,在对方抓不到空当的前提下,不妨试试放空枪、打高炮,故意偏离一下轨道,迷惑和诱导对方走偏,通过各种不同的手段和方法,故意消耗对方的耐心和定力,逼迫对方做出不理智的行为。

在现代商务谈判中故意不按常理出牌,虽然也是一种策略,但要用得恰当、自然。要有足够的精力耗掉对方的锐气,等待对方没有耐心、没有精力、没有理智,这时己方先恢复到正常的状态,在对手疲惫不堪的情况下,攻下对方的堡垒。

这是在现代商务谈判中,在客观条件不如人的时候,也能达到最初目标的一个策略和方法。这个方法的重点是看似乱而实则不乱,乱中有序,故意放火烧煳对方的理智,耗去对方的智慧,签下有益于自己的协议,把己方的主观因素发挥到最大值。

及时收网,一锤定音

及时收网,一锤定音,掌握好现代商务谈判的节奏,是非常重要的一环,同时也是容易被大多数人忽视的一环,成百里者半九十,道理就在这儿。

现代商务谈判开局时的选择很重要,结局时的收网更重要。

在现代商务谈判中,对谈判中每个节点的掌控,需要有高度的技巧,谈判者应明晰现代商务谈判进程中的每一步,不同的时机用不同的力。

我们曾经定义,谈是为了判,判才是目的。

当现代商务谈判谈到一定程度的时候,要及时收网。收早了,谈得不充分;而如果收晚了,就会失去最佳的时机,达不到预期的效果。

何时收网,何时止住,何时结束谈判,时间点至关重要。

在现代商务谈判中,各种各样的现代商务谈判者均有之,有的很善于谈,可以谈得天花乱坠,但就是不知道谈到何时收口,何时将现代商务谈判的果实收入囊中。

好的现代商务谈判手,一定是一个善于抓住节奏的人。要知道,一场好的现代商务谈判是恰如其分的收尾。而制造出这个美好结局的前提,就是要在合适的节点上,签订协议。

我们谈判团队中的比尔,不但是一个现代商务谈判的开局好手,而且还是一个很好的收局专家。他就像一个造诣极高的音乐指挥家,控制节奏的能力和感知力超一流,他总能在人们如痴如醉的那个点上,把音乐适时地收住。他是我们现代商务谈判的最佳收盘手。

同样,在我们的团队中,托尼则是最佳的二传手。他善于营造气氛,善于鼓动士气,善于讲也善于谈,但是,他不知道在谈判中停住飞奔的脚步,往往用力过了头,失去谈判中那个最好的节点。所以当我们的团队出征的时候,我会把托尼这匹容易脱缰的野马,牢牢地拴在理智而又定力十足的比尔身上,让比尔控制着托尼的缰绳,及时地给他传递出要跑还是要停的信息和指令。这样的结合,使得我们在多年的现代商务谈判中,团队配合默契,能够理智而又客观地掌握现代商务谈判的进程,有时信马由缰,又能及时戛然而止,起到最好的谈判效果。

出其不意,攻其不备

出其不意,攻其不备,这一传统的战法在今天的现代商务谈判中,不但没有过时,而且还应发扬光大。

尤其是当你刚刚进入一个新的环境,在相当长的一段时间内,基本上是要以小打大,以弱搏强。在一个新的市场中,要攻破对方的堡垒,没有绝对优势则强攻不可取,但为了进入这个新的市场,你不得不去占领滩头阵地,把桥头堡占为己有,然后进一步向纵深发展,进而站稳脚跟。

可面对你的兵还不算强、马还不够壮的条件,那就只能用非常手段,来达到你的正常目的。而这个非常手段的重要策略之一,就是在对手发起攻击的时候,采取出其不意、攻其不备的方法,在市场攻略上如此,在现代商务谈判中更是如此。

在欧美国家,商务历史比较长,而且已经有一套行之有效的规章制度、法则可遵循,这是一个很突出的优点,但是正如其他的任何领域一样,任何优秀的东西也有它弱的一面,久而久之,这些习惯了规章制度的人群,就可能形成一种自然而然的行为方式,把本来的强项转变成了某些方面的弱点。他们往往会墨守成规,甚至故步自封,在这样的情况下,与他们谈判,就不可以再用常规方式。在人人讲程序、讲规范的时候,你不妨试一试一些突破,在现代商务谈判的角力中,试图打破一下固有的平衡,可以出奇兵,会收到意想不到的效果。

稳扎不稳打,步步不为营

在现代商务谈判中, 就一般的情况来说, 当然应该是稳扎稳打,步步为营,但作为参与现代商务谈判的一方,在环境并不是特别利于自己的情况下,在和对手远远不在同一起跑线上的时候,我们就必须突破常规的思维。

作为现代商务谈判的一方,如果在谈判中,发现自己的一些客观条件和所具备的实力暂时还难和他们比肩, 而且在极短的时间段里还很难赶上甚至超越对方的时候,这就要求我们在谈判中,采取不同的策略和方法,稳扎不稳打,步步不为营。

我们要清楚地认识到自己与对手的长短,我们的目的是要通过现代商务谈判与他们争地盘、求生存、求发展,所以在现代商务谈判中,我们在学习对方的优点的同时,必须比他们有更强有力的措施,更灵活机动的手段。切忌保守、故步自封和裹步不前,在巩固基础、站稳脚跟的前提下,灵活机动地推进现代商务谈判的进展。

在现代商务谈判中,要迎头赶上并超越对手,单单靠艰苦努力还是不行的。在这样的情况下,先实现突破的目的,然后再逐步形成对自己有利的局面,然后再逐步占有资源。

这种情况下的现代商务谈判,虽说不稳打,但必须稳扎。这个"扎"很重要,就是要把基础的现代商务谈判条件打牢,这里说的基础包括物质的,也包括文化的,能打的前提是有这个坚实的基础做后盾,不然打就无从谈起。而且你能不能打出去,打出去能不能打胜,打出去后能不能收回来,这一切均取决于这个基础扎得牢不牢。

在现代商务谈判中,往往有许许多多的"成功商业谈判人士",忽视了这个极为重要的过程,在进入谈判的初期,自以为是地凭以往的所谓经验和历练,仗着一点财力和能力,在没有搞清状况的前提下,就采取攻势大举进攻。他们语言犀利,横冲直撞,稍有斩获就得意忘形,于是更加肆无忌惮地猛打强攻,用不了多久,当谈判进入中期阶段的时候,就一败涂地,甚至连回家的路都找不到了。

这就是为什么在现代商务谈判中,真正的强者是那些基础牢固的个人和团体。你能走多远,取决于你的基础有多牢固。在现代商务谈判这个看不见硝烟的战场中,拼的不单是智力、魄力,更重要的是实力和基础,还有充分的准备。

有了稳扎的前提,那么为什么不能稳打呢?

稳扎不稳打是相对的,倘若你有足够的实力和市场基础,稳打当然是首选。可如果当你的实力和对方相比还略逊一筹,而你作为一个相对的弱者,还有着某种不足,就不得不用"非常规"的手法来应战。在现代商务谈判中,就只能避其锋芒,寻其弱点,对准目标,迅速出击,才能以奇制胜,以弱胜强。稳扎不稳打,出奇制胜。

在以弱战强的谈判里,忌讳打常规战和正面的争夺战,起码在自己所具备的实力和资源还没有强大到一定程度的时候,格外要注意。

当然,如果当你和现代商务谈判对手彼此之间此消彼长,等到你自己的条件足够好、足够强,你有足够的力量来面对一切,且主动权就在你手里的时候,你也许就可以按照规定和规则行事。在你能够充分掌握现代商务谈判主动权的时候，你就可以自如地进行现代商务谈判了。

当你不但有了话语权，更有了坚强的战斗力时，你不但可以稳打，更能稳打制胜了。那时稳扎不稳打这一战法，对你也许就不那么重要了。

稳扎不稳打，是现代商务谈判中的一种战法，可又为什么不要步步为营呢？

要理解这一点，先要明白我们攻占的是什么营。营垒的大小、城高、墙厚，营垒的位置是在高山，还是在洼地？是易攻难守的破城，还是易守难攻的宝地？对此，营垒占领者必须有非常清楚的认知。

比如，国人曾一度为之骄傲的联想集团，大张旗鼓地拿下了IBM 麾下的 PC 部门。其实，此时的 IBM 麾下的 PC 部门已是日落西山，年年亏空，有着巨大的窟窿，这时 IBM 急欲将之脱手，抛售一部分业务。从商务本身的角度看，此时接受 PC 部门应不是一个好的选择，但联想还是把它买下了。若从登陆北美的市场战略目标看，这也算一招棋，但你若还把当年 IBM 麾下的 PC 部门误当成此时戴着光环的 IBM 那样去经营和运作，那就大错特错了。

因为 IBM 给你留下的电脑 PC 部门已远非当年了，风水轮流转,科技发展天下已大变,电脑的好时光已不在了,你接手了一个江河日下的摊子,你占领的是一个到处都已松动的营垒,你要做的是以它为垫脚石,将之作为进一步纵深发展的手段,而不能作为自己苦心经营的营垒,不然一旦有风吹草动、战事来临,战败的现实很快就会来到你的面前,你不得不在弃城而逃或弃旧图新两者之中做出艰难的选择。

随着变化的态势、形式、条件,不断地调整自己的现代商务谈判策略,以万变应万变,在变化中求生存求发展。

狭路相逢勇者胜

现代经济变化不定,人们的心态和价值观发生了很大的变化。在变幻莫测的现代商务谈判中,常使人有种新人入场的感觉,被许多突发事件冲击得"不知所措",而不得不重新认真地思考和用心地再学习,不断地调整自己,来迎接不断变化的挑战和冲击。尽管如此,在现代商务谈判中,谈判者还是常常有些力不从心,时事在变,在现代商务谈判中,没有不败的常胜将军。很多情况下,需要勇气,需要一种无畏的精神,才能少打败仗。

在现代商务谈判中,对于一些新上场的谈判者来说,可能遇到的问题和困难更多,不断地学习和锻炼是必要的,但也要有那种初生牛犊不怕虎的精神状态,敢做,敢想,敢干。

狭路相逢勇者胜。尤其在与狼共舞的现代商务社会中,更需要勇气了。

不管是在经济风浪中奋争,还是在崎岖不平的商业险路上行走,或是在唇枪舌剑的现代商务谈判中求生,都需要有狭路相逢勇者胜的胆识和勇气。

不要接受第一个报价——不到最后,决不直接还价

在现代商务谈判中,一般条件下不要接受第一个报价,除非这个报价远远高于你的期望值。

在现代商务谈判中,价格问题是谈判的主要内容之一。报出你的最好的价格,同时,也要注意不能轻易地接受对方的第一次报价。在某种程度上甚至可以说,永远不要接受第一次报价。

在现代商务谈判中,不接受第一次报价的原因有很多,拒绝接受报价的方法也很多,但从价格的攻防转换和策略上来谈,这将是一个重要且长久的话题。

话要从头说起。记得在一个冬日的下午,比尔要买一套写字

间,中介说清位置、面积和环境,对方的要价是 300 万,并告知比尔同样的房型,前几天市场上有人出价 320 万,现在应该再涨 20 万,因为同样的房型在这个大厦叫价都在 340 万以上,甚至是 360 万,再就是周边相近条件的写字楼中的办公室,每套的均价都到了 320 万,而这个房主的要价,实在合算。中介说对方做生意急需现金,所以才低价卖,但要求付全款,不同意做贷款,因为贷款耽误的时间太长,他不能等。不过因为房本还没下来,说可以先付 150 万,剩余的款项等拿到房本之后一次付清。

比尔出价 250 万,中介说那是不可能的,对方说不定还要涨价呢。比尔说,你就按我说的去谈。中介谈完之后回复说,对方只同意降低 20 万元,还是因为是他们的老顾客,给的面子。

比尔仍然坚持,并说明天就要离开这里。

中介再次跟房主交谈,房主又做出让步,只能让到 280 万,再接受不了,就没办法了,只能再找买家。若按市场的行情,即便 280 万也是很好的交易,因为比尔已经了解到同样的房子价格已经到了 320 万。但是对方处于一个特殊的状态——急需现金,在这样的一个特殊情况下,房主无奈,才抛出了十分低的价格。

实际上,房主已经在现代商务谈判中处于劣势了,因为他的对手已经知道他急需现金。

比尔正是抓住了对方的弱点,才进一步进攻。而他进攻的方式很巧妙,坚持自己的还价,所以对方连争执的机会都没有。

在双方谈判的过程中时,比尔发现房屋面积并不是 150 平方米,而是只有 145 平方米多。其实在比尔的心目中,平方米数的差别并不是那么至关重要,当然他也希望买下的房子是 150 平方米而不是 145 平方米,不过,他更看重的是这个交易。因为在美国,人们并不是按照平方米数来交易,而是按照一个盘子,就是你看到的一切,不管是多少平方,我就要多少万,合适你就买,不合适你可以砍价,但不是谈多少钱一平方米,直接出总价就好了。

比尔知道他还有机会,他又一次把难题抛给了卖方。

比尔说:"这并不是谁的错,不是你的错,也不是我的错,也不是中介的错。只是这是一个现实,实际面积比当时说的面积少了 5 平方米,这不是一个小数。"卖家觉得有些难为情,但他又不想再让了,卖家经过电话与太太协商,最终同意再让价,270 万成交,再低的话就没办法了。这时,比尔说了:"这样吧,大家都有诚意,这个误差我们各承担一半吧。其实现在买房的是傻子,已经涨到这么高了,要不是合伙人要买办公室用,我不会这么着急买。再者现在能拿出 200 多万全款买写字楼的用户可以说很少,甚至可以说没有。"

　　卖方再次表示要与太太协商，其实他本人已经暴露了他的底线，就是接受进一步降价，只不过没法跟老婆交代，电话协商的结果是老婆不同意，房主虽然嘴上说："我没办法了，不愿意因为这么点儿钱跟老婆闹意见。"但他自始至终没有说一句斩钉截铁的话，因为他太想成交了。

　　看得出，他确实急需钱用。如果他不把责任推到老婆那儿，一句话放到这儿，低于 300 万我就没法做了，要不你们再找找合适的。换句话说，如果是夫妻同来，妻子唱黑脸说，最低就是 300 万了，低了就不卖了，最后的成交价也就是 300 万了。但是，他急需要钱，这是他的软肋，所以注定他顶不住。

　　比尔再次表示让步，这个差数我承担 20 万，你承担 20 万。听起来好像是高姿态。卖方确认说："你是说让我再让？"比尔说："不是你再让，而是我承担差数，你也要承担。"卖方说："还是让我再让呗，就是说 260 万，对吧？"比尔不言，中介说话了，对，比尔的意思其实就是这样。中介自然是希望促成这笔交易，便帮腔做卖方的工作，卖方终于顶不住了，说那你能不能首付多付些？其实卖方开始要求的首付是 150 万，双方已经谈成了 150 万。比尔说这个好商量，在卖方要求再多付 10 万首付的情况下，成交。

　　就这样，一套 320 万的房子，在现代商务谈判后，260 万顺利成交了,双方皆大欢喜。

选择你的现代商务谈判对手,绕道行驶——张弛有度, 选择性失忆

在现代商务谈判中,不可循规蹈矩、按部就班,尤其不要兵来将挡,水来土掩。学会选择你的现代商务谈判对手,也要学会接球和发球。

在许多现代商务谈判中, 要首先学会选择你的现代商务谈判对手,看准哪里是大道,哪里是蹊径,必要时,要绕道行驶,避开不利于现代商务谈判的那条证据、那个观点和那条信息,使得自己能够掌控现代商务谈判的进度和变化,能够张弛有度,有的放矢。

在某些特殊的情况下,采取选择性失忆,巧妙地避开对方抛过来的糖衣炮弹,选择性地接球,选择性地抛球,有些知道得非常清楚而不用去表达,有些明明知道而不要去揭穿,有些明明是谬误却装作没看懂。

这个策略很容易被人忽视,因为许许多多的人,喜欢清楚而不喜欢装糊涂。其实,清楚是一种境界,而清楚之上能装糊涂,则是更高的境界,起码在现代商务谈判中是如此。

这个策略被许多现代商务谈判专家所忽略，即使是在纽约商界打拼多年的大咖，都会因为忽略这个策略而犯错。

虽然现代商务谈判和政治性谈判有着许多区别，但在理论基础上是有共同点的。现代商务谈判是一个角斗场，在参与谈判的各方中，任何一方抛出的球都是有目的、有规划的，作为谈判的一方，对于对方抛出的球，不必每球必接，因为在对方抛出的球中，有些是温和的，有些是冰冷的，有些是滚烫的，也有的是外表温和而有实际滚烫的内核，更有可能是滚烫的外表而内核冰冷，在没有完全搞清状况的前提下接球，很可能接过来的就是一块烫手的山芋。

另外，作为现代商务谈判的一方，接球总是被动的。要在谈判的过程中，成为放球的一方，主动的一方，而不是一直被动地接受。

在现代商务谈判中，有时你会看到有些人一个人可以讲上很久，好像对谈判的主题和业务等等什么都懂，其实这是不可能的。一些人肯定是在不懂装懂。其实，在现代商务谈判中，不懂装懂也是一种高级的技巧，懂装不懂更是一种策略，"不懂装懂"要用得恰当，还是很有效的，当然关键是要学着懂。而懂装不懂，则要首先跨过自己的心理门槛，丢掉自己的面子，善于放弃才是现代商务谈判者的智慧所在。

在现代商务谈判中，"不懂装懂"，更适合于在遇到一些特殊问题的时候,你不可能什么细节都知道,所以只好不懂装懂。当然,作为现代商务谈判者,懂的越多越好,懂了也装不懂,这是一种策略。

叫出你的最高价

现代商务谈判既然是价值互换的过程,彼此之间的定价和叫价就成为谈判中的一个重要组成部分。

在现代商务谈判中的这个叫价,远不是狭义上的价格的定义,而是对自己所拥有的谈判资源的一个广泛的价值评断。这个价,有多种的表现形式及含义,其中有货币价格、物质等价、社会网络的作价、知识产权的评估、科技产品的研发水平、技术难度、技术高度、市场开发的广度、市场占有率、专利产品的开发利用等等。

无论是哪种形式的价格,叫价的策略都是极为重要的,有些独特产品和资源可以无限度地叫价,比如人们常说的无价之宝。有些科技产品也是难以估价的,它会随着时间的推移、科技普及的程度和人们接受范围的变化而变化,但不管哪种介质的定价过程,都是一个动态的复杂的过程,这有一个极其重要的要点,就是定价权。

现代商务谈判的关键是争夺和抢占定价权这个制高点。

现代商务谈判的攻防转换,也是围绕这个要点在斗智斗勇。当你有机会,哪怕是短暂的、稍纵即逝的机会,定价权在你的手中的那一刹那,一定要用尽这个定价权的权力,叫出你的最高价。

在现代商务谈判中,用好你的定价权极为重要。当你叫出价格,不管对方接受与否,首先在对方的心理上会留下痕迹,甚至带来震撼。尽管对方会拒绝、会反弹,不要去管他,因为你的价格战已经触动了他,他会自然而然地对你叫出的价格有了反应。你的定价权心理战的第一个回合,就已经有了成果,因为人们的思想或观念的转变更新,有一个过程,你把药引子已经灌输进了他心中,发挥效用是不成问题的,因为现代商务谈判的第一个心理关口你已经超过了,下边的问题就好解决了。

留一半清醒留一半醉

现代商务谈判的过程,初看起来好像是没有一时一刻的松懈,可是在实际的推进过程中,有高潮、有低谷,有清醒也有含糊,作为一个好的现代商务谈判者,要留一半清醒,也要留一半醉。

夜幕低垂,车流密集,与其堵在路上,不如停在高速的路边咖啡馆,让紧张了一天的神经松弛一下, 电话的铃声还在响亮地催促,询问着自己到达下一个目的地的准确时间,大脑还没有从这一天的紧张气氛中走出来,又要开始去面对新的问题。

回头思考这一天在现代商务谈判中所遇到的问题,有感悟,有收获,也有启发。

在生意的交接和项目投资中,有些东西是可以拿出来谈判的,通过谈判达成新的共识,但作为现代商务谈判者,一定要预留一半清醒,就是在谈判和项目交接过程中,有些事是可以谈的,但有些是不可以谈的。这是现代商务谈判中的一个前提,比如在生意和项目的买卖中,原先存在的合同条款是不可以再谈的,因为在这个项目的买卖中,原有的合同条款和规定是生意成交的基础,如果现代商务谈判者疏忽,把本来已经确定的条款再作为现代商务谈判的内容之一,无论结果如何,在你答应将之作为现代商务谈判内容的那一刻开始,你就被推到了被动的境地。

所以在现代商务谈判中,理清哪些该谈、哪些不该谈、哪些不属于这次谈判的范畴,这个前提的界定极为重要,这是现代商务谈判的前哨战,如果动摇了这个前提,那么接下来的现代商务谈判将会成为一场马拉松,你会谈得很累很累,还不见得会达到有利于你的结果,因为在现代商务谈判的开始,你就已经失去了自己的前沿阵地,使得你无险可守。因为你已经敞开了自己的防御大门,这时就是用上帝之手,也拉不回你的劣势,你只能被动挨打。

所以在现代商务谈判的开局,一定要留出那份清醒,不可混淆主次和界限。

如果在原则上有了明确而清醒的界定后,那么在接下来的细节问题上的谈判,不妨手下留情,留一半醉意给自己,留一点空间给对方,在互通有无的基础上,达成协议。

现代商务谈判是语言的交流,也是智力的沟通,不可把气氛搞得那么严肃和紧张,在愉悦的心态下,也可以谈出彼此满意的结果。

不要在第一时间亮剑

不要在第一时间亮剑,这在多方参与的现代商务谈判中尤为重要。记住,除非在非常特殊的情况下,不要做第一个吃螃蟹的人,不可第一个亮出你的底价或出价,否则你就会立刻使自己陷于被动的局面,同时成为众矢之的。这是初上谈判桌的新手最容易犯的错误,其得到的惩罚就是第一个被排除在现代商务谈判的利益圈子之外。

之所以不要在现代商务谈判中第一个亮出自己的底牌,是因为现代商务谈判是给各方提供表现和争夺机会的场所。在这里,每个人在为自己筹谋,每个人都想借力打力,用尽所有的手段来达到自己的目的,而在这个特殊的场合第一个亮剑的人,就犯了兵家大忌。首先亮出底牌,你自然就成为众矢之的,在各方的角力中,立刻陷入困境,陷入被动挨打的地位,成了各方角力的练习袋,成了多方的参照品,成了最早被牺牲的对象。

　　一个成熟的现代商务谈判者,会迅速地调整现代商务谈判场中的力量变化和力量对比。理性的现代商务谈判者会在恰当的机会出拳,出拳早了,可能就成了大家要打的目标,要审时度势、寻找机会,不可做最早被拍在沙滩上的牺牲品。那么就不可轻易出拳,更不可做第一个吃螃蟹的人。

谈出增值而不是榨干血汗

　　在现代商务谈判中,可以谈出增值,谈出更多的资源,而不是榨干血汗。

　　周末时分,在图书馆怡静的环境中,电话铃声突然响起,这时的电话铃声显得格外响亮。我及时按下声音的控制钮,快步流星地走出图书馆,认真地接听电话。

　　是老朋友来的电话,他遇到了麻烦。他在投资中与合伙人之间的利益分配出现了问题,几轮谈判下来,事情不但没有进展,反而是越谈越糟糕,陷入了僵局。

这本是一个很普通的现代商务谈判,我仔细地听了朋友的介绍,并要求他把相关的资料一起发给我,当我把他们的谈判记录和最初的协议文本看完之后,感到问题不像老朋友所说的那样复杂和困难。

表面看来,他们的谈判僵局出现在利益分配上,而陷入僵局是因为双方都不同程度地用了过激的措辞,同时在一些并不重要的利益分配上过度地寸土必争,使得本来并不难解决的谈判,加入了个人情绪,才使得谈判很快地陷入了僵局。

在现代商务谈判中,优秀的谈判者会在谈判中创造出新的价值,使得谈判主题增值;而不明现代商务谈判内涵的人,往往正好相反,把本来具备相当价值的内容,榨干价值,进而逼迫对方到墙角,强势地把榨干价值的东西据为己有。这样的思维方式和作为,只能把现代商务谈判逼入死胡同,造成双输的结局。

如何在现代商务谈判中创造出新的价值,使谈判项目增值呢?聪明的现代商务谈判者,不但清楚自己的利益诉求,更注意研究对方的利益诉求。就像一个橘子,人们会很自然地认为每人一半的分配是最合情合理的,当然,一些不会现代商务谈判的人,会抢着去拿刀,自己动手切割,好切走大的那部分,殊不知,这就错了。这就会引起争执,使谈判进入死胡同,因为在现代商务谈判桌上,像这种低级的手法,你能想得到,对方也会想到,这并不是一个好选择。

那么如何使这个橘子的分配增值呢？这就要找到对方最为关注、最需要的东西。同样还是这个橘子,如果你认真地观察和分析,甚至启发和引导对方,使得对方对你不感兴趣的部分提起兴趣,比如让他对橘子皮产生兴趣,这样一来,如果正好对方需要橘子皮做中药的原料,而他对橘子的果肉并不关注,而你又正好认为橘子皮是垃圾,自己最关心的是吃这个橘子,那么你就等于把本来人们认为只能分吃橘子肉的双方,客观、理性地分为吃橘子肉的一方和要橘子皮做中药原料的一方。

这样一来,原本只有一部分有价值的橘子,变成了不但橘子肉可吃,橘子皮也可以用,这就创造出谈判项目的新价值。同样的一个橘子,因为合理地分割而使橘子增加了价值,双方不但共赢,还皆大欢喜。橘子增值了,价值分配合理了,当然这个现代商务谈判也就成功了。

我把这个想法讲给了老朋友,然后在第二天,他把他的几个合伙人又叫到了一起,老朋友把我也介绍给他的这些合伙人,我们一起在他们投资的项目中进行另类的思考, 双方暂时不只是盯在利益分配上,而是着眼于他们的项目中,分离出哪部分是橘子肉,哪部分是橘子皮,谁对橘子肉感兴趣,谁对橘子皮感兴趣。

有了这个思路,我和老朋友及几个合伙人又一起重新开启现代商务谈判。经过认真、仔细、耐心地磋商,我们发现了几方关注的不同的侧重点,然后对症下药。好了,年轻的投资人对现存机构的权力、名誉极感兴趣,而从国外来的投资人对看得见、摸得着的物产感兴趣,我的老朋友对美元感兴趣,三者各有所好。同样一个投资项目,通过现代商务谈判的平台调整思路,找到同一个项目中的潜在增值点,使得原来被单一看待的综合性项目,通过现代商务谈判,发掘和增加了许多附加价值。在这样一个增值项目中,利益被合理地分配,各取所需,使得项目本身的作用加大,参与人的分成增加,项目增加了价值,而谈判各方也得到了自己想要的,僵局打开了,现代商务谈判就成功了。

分享的艺术

分享是现代商务谈判的重要内核。在现代商务谈判中,分享还是独占? 不同的选择,其结果会有天壤之别。

在现代商务谈判中,分享也就意味着分担,意味着共赢,更意味着减少风险、取长补短。有一个很有趣的案例,可以说明这个观念。

在一位朋友申办赌场的过程中,很好地利用了这个策略,使得他不用出一分钱,就拥有了像摇钱树一样的赌场50%的股份。

开始的时候,他是自己申请开办赌场的执照。他用了自己的人力资源和物质资源,从政府部门申请到开办赌场的执照,这时,有投资商来和他谈判,这个投资商有足够的资金来开办这个赌场,但他是外来人,申办执照对于这个投资商来说,则是一件非常困难的事。所以,投资商与朋友谈判,开出的条件是,这个投资商不但可以给朋友补上他申办执照的所有费用,并在由投资商自己全部投资建起的赌场中,让朋友占有50%的股份,然后和朋友共同经营这个赌场。这也就是说,朋友不用投入一分钱,就拥有了赌场50%的股份,享受和收取着以后赌场经营中分红的一半。

同样是赌场的投资,另一个来自亚洲的投资者,则一直抱着自己独自占有的心情来投资,自己申办执照,自己投资经营,不容其他的投资人加入。但在申办执照和投资的过程中,遇到了许多没有估计到的困难,使得投资不断加大,执照申请也遇到了阻力,因独木难支,单申请执照就已经费了九牛二虎之力,但当他自己以为执照就要批复时,因为市政府的管理部门突然有些说不清的理由,收回了赌场执照，这使得这位投资商在硬件设施的建设中用掉的大批的人力和物力付之东流，最终以失败而告终。

现代商务谈判就是要发挥出多方参与者的专长，找到大家的共赢点。现代社会中，无论你是多大的企业或机构，在实际的运营中，总有你的长项，也总有你的弱项，只有明白自己的长处和短处，通过现代商务谈判达到自己的目标，才能获得最大限度的回报和利益。懂得分享，才能共赢，才能成为现代商务谈判的赢家。

老二哲学

在科技领域中，老二哲学有着广泛的应用。在社会科学中，老二哲学也被认可。而在现代商务谈判中，老二哲学则是一个重要的谈判策略。现代商务谈判中老二哲学应用得极为普遍，尤其在多方参与的现代商务谈判中，摆正、摆好自己的位置和角色，至关重要。既要保住自己在多方分红中的比例，又要保住自己的核心利益不被蚕食，这就要用到老二哲学的策略。

老二哲学的精髓在于，站在最有利的位置上，不做第一，也不争第一，但总是紧紧地贴在老大的身旁，既有老大在前边遮风挡雨，又要紧随其后。当老大被拍在沙滩上时，老二及时出现，不但收拢老大曾经打下的半壁江山,而且还因老二占据了有利的位置,把老大的优势加以吸收,再经过自己归纳、总结,把自己的积累及时释放,进而一统大业,成为霸主。

在现代商务谈判中,老二哲学的精髓,就在于掌握好出击和隐藏的时机,用得恰当,作用极为巨大,其效果也体现得尤为明显。当然,在不同的场合,不同的现代商务谈判阶段,老二哲学的运用方法和方式也不相同。

在现代商务谈判中,从谈判本身的细节操作上讲,在许多现代商务谈判场合,不要轻易让对方看出你就是做决定的老大。即使你是真正的老大,也要低调一点,用老二的形象和行为方式,总能给自己留下一个行事的借口和理由。

另外,从现代商务谈判的大格局上讲,在多方参与的谈判中,不能轻易地显露出你的老大身份和实力。一方面,你可以避开老大应承担的那部分责任和义务,另一方面,还可以规避那些随时可能发生和滋长的风险和损失,更为主要的是,可以化解掉最早成为众矢之的的危险,躲开被群体射杀和摧毁。

在我们的许多现代商务谈判中,这种战法屡试不爽。迷惑对方,在一些单边的现代商务谈判中,抬出一个存在的老板,总能给自己找到抽身的机会和理由,给自己留出一个后退的空间,直到谈判谈出了最大限度的利益时，你就可以把现代商务谈判的收益尽收在自己的手里。

在多边参与的现代商务谈判中，用老二的形象，在谈判一开始避开受众人瞩目的位置，然后随着谈判的不断深入和发展，站好自己老二的位置，在临近冲刺的最后阶段，再揭开面纱，直奔目标，进而取得自己谈判的最大利益，达到现代商务谈判的最终目标。

不要轻易签字，多给自己留一分钟

在现代商务谈判进入后期的时候，切不可因为接近尾声而麻痹大意，谈判越是接近尾声，越容易出现问题。有时，在接近终点的时候出现的问题可能使整个谈判前功尽弃。

哪怕在最后一刻，也不可掉以轻心，紧紧地把握住节奏和进度，永远不要先签字，多给自己留一分钟。

在现代商务谈判的收尾阶段，不要抢先签字，多给自己留一分钟，有两方面的含义。

一是鉴于对方可能善变，不要在协议上先签字，而要等对方先签，或者是同时签字。避免对方在最后一刹那改变主意而不签字，使得谈定的协议成为废纸一张。

二是多给自己留下哪怕是一分钟的再思考、再推敲的时间,在最后的关头给自己留一点余地,不至于陷入被动的局面。

同样的道理,在协议达成的这段短暂的时间段内,你晚一分钟,就多给自己一点选择,多了一点思考的时间,多了一些机会。不要小看这短短的一分钟,对于现代商务谈判的双方来说,都是至关重要的。

常言道,行百里者半九十。实际上,行百里者半九十九点九九,抓住抓牢上帝给你的那一分钟,那看似多出来的一分钟,可能是你的生死之穴。

扫清外围,压缩当事人的数量

在现代商务谈判中,扫清外围,压缩当事人的数量,是谈判策略中极为重要的一环。

现代商务谈判本身就是一个沟通的平台。许多人可能没有注意到,用于沟通的时间和成本,在人们每一天的工作和生活中,占有绝对的高比重。在现代生活中,沟通的成本已经重得不容忽视了。

现代商务谈判本身就是一个最好的沟通平台之一,也正因为如此,在现代商务谈判中,就要格外地注意节约沟通成本而达成共识。而节约沟通成本的手段之一,就是扫清外围的不相关因素、不重要因素,尽最大的努力压缩当事人的数量,提高当事人的质量。因为任何一个当事人的出现,任何一个多余的当事人进入现代商务谈判程序,都会大大增加现代商务谈判的沟通成本,而无效地耗掉参与现代商务谈判各方的精力和金钱,甚至被多余的人员带入其他的轨道,偏离现代商务谈判的本源。

首先,如果挤进现代商务谈判程序的当事人与其他谈判者不在同一层面上,那么一个傻瓜提出的问题,由十个聪明人也解决不了。

再者,即使挤进现代商务谈判程序的当事人,与现代商务谈判各方在同一个层面上,但任何一个独立的人,都有他自己的一套固有的信息系统、思维模式规范。如果谈判需要调整多余的当事人的所谓的提议、建议、想法等,会大大地延缓和阻碍现代商务谈判的进程,让现代商务谈判的参与者忙于应付,目不暇接,直至把正常的现代商务谈判带到歪路上去。

在人们的意识中,好像人多好办事,但在现代商务谈判这一交流平台上并不是如此。多余的人力、意见、想法,会形成一种不协调的力量,形成离心力,甚至阻力,加重沟通成本,会使极好的契机因为多余的沟通而付之东流。更有甚者,这种多余的沟通,会把职业水准的现代商务谈判引入歧途,模糊现代商务谈判的方向和目标,把谈判推入不应有的困境之中。

优秀的现代商务谈判团队,是优质的结合体,是战斗的尖刀,是精练到极致的小而强的小分队,是配合默契的搭档,把现代商务谈判的参与者精简到极致,是成功的现代商务谈判的前提。

布置疑兵,模糊焦点

现代商务谈判的每一步,都有可能被诱导而误入歧途,很多预想不到的问题可能随时出现。作为现代商务谈判者,既要防止陷入对方的迷阵,又要不失时机地布置疑兵、模糊焦点,达到自己的谈判目的。

现代商务谈判的目的,是在有限的条件下争取最大的利润。手段不是目的,手段是为目的服务的。在面临众多选择的现代商务谈判中,作为谈判者,要有清晰的目标,要尽最大的努力,不要让对方看清你的着重点,不要让对方搞清这一点,以免对方重点防御。

我们知道,现代商务谈判的过程就是一个找到中间点的置换过程,明白自己所拥有的资源,也明白用自己所拥有的资源和实力能够置换哪些资源回来。如果人是在心态平衡的前提下交易或置换资源,是不难的,但当对方摸清你的底牌后,尤其是在知道你最为关注最想得什么时,这个置换的过程就可能变得越来越复杂。对方或可能会重点防御,或高价待估,甚至丝毫不让,在这种情况下现代商务谈判的正常的平衡状态就会被打破。

这样一来,现代商务谈判就会变得更加困难,有形或无形的阻力就会加大,就可能增加额外的沟通成本,使得本来价值1元的东西人为地升值到2元、3元,甚至更高。

为了避免这种情况的发生,作为现代商务谈判者,要善于布置疑兵,故意模糊焦点,让对方看不准你的底牌在哪里。当参与现代商务谈判的各方全部资源自然地呈现出来后,己方在所有资源得到公平、公正的评估后,再明确地选择,确定你的所需、所求、所取,以公平的方式得到你的所得,使现代商务谈判在公正、公平的前提下,顺利地达成目标。

要求多个选项,选择最需要的部分

现代商务谈判的过程就是一个攻防的过程,靠心机远远不够,策略和智慧是至关重要的。

要求多个选项,选取你的所需,对现代商务谈判者来说,就是要提出尽可能多的要求,起码让对方搞不清你的底线在哪里,你的主攻方向是哪个位置。

一般情况下,在现代商务谈判中,当谈判内容是一个单一的项目时, 其报价要求是比较高的, 这时候想搞清对方的底线是困难的。同样,对方也不知你的真正目的是什么。所以,在他提出的方案中,他会对你提出的每一个要求选项做出最合理的方案。而我们现代商务谈判的目的,就是要得到合情合理的置换和交易,在对方呈现出来的合理方案中,选取你真正要的那个,那么,这场现代商务谈判的结果就不会离题太远了。

四两拨千斤

在现代商务谈判中,四两能否拨千斤? 回答这个问题有许多的前提条件。首先是你的杠杆在哪里? 你的杠杆有多长? 你的力臂有多长? 你的支点在何处?

不能具体落实这些前提条件,四两拨千斤就无从谈起。

在现代商务谈判中,人们往往只想到了四两拨千斤的概念,而忽视了在达到这一效果之前应具备的前提条件。

有时候,四两拨千斤也成了一些人投机取巧的遮羞布,成了回避现实沉迷于钻营的一个说辞。

殊不知,如果对这一理念没有清晰的认知,在实际的项目中轻易运用这一没有充分准备的理念,会贻害无穷。

在现代商务谈判中,今时不同往日,尤其在网络普及的今天,人们能够掌握的信息,无论从质上还是量上,早已不可同日而语。一个掌握了现代科技技能的普通士兵所能掌握的信息,可能和他的将军所掌握的信息差不太多,远远多于上一代人的将领。这使决策变得更困难也更容易了。

困难的是,你有他也有,你知他也知,你所掌握的对手也掌握。

容易的是,许多过去看来很难的东西,在现代科技水平下,变得易如反掌,你不用花那么多精力和体力去搜索那些看起来很复杂的资料了。

在这种情况下,在现代商务谈判的商战中达到四两拨千斤的效果,就需要更高的要求、更高的技巧才可能实现。

现代科技已把所有的东西透明化了,这样一来,四两拨千斤的可能就很低了,取而代之的则是实力的抗争。

在发达的资本主义国家,久而久之,已形成了它的一套游戏规则,它存在于我们身边,你看得到,也看不到,它有形,也无形,它经过了几百年的实践、补充、完善,法制和体制都已成体系,建起了一套行之有效的行为规范。商务人士似乎已达成一种默契和共识，以实际情况为依据，以实事求是为原则，互赢互惠，共同发展。

在这样的大环境下，我们作为现代商务谈判者，在用四两拨千斤的策略时，就要做更多的铺垫和准备。

在现代商务谈判的开局中，须遵循法则，不能存有侥幸的心理和取巧的心态，一点一滴地从基础做起，绝不可凭借小聪明，上来就想用四两拨千斤的办法来应付变化无穷的现代商务谈判，这是不行的。今天已经变化了的现代商务社会的新商战，需要更多的支点，需要更精准的杠杆，才能达到四两拨千斤的效果。

在现代商务谈判中，切不可轻易地用所谓的"东方智慧"，自以为很聪明地用诸葛孔明的战法来对待复杂的商战战场。

对于我们流传下来的好思想、好方法，应去粗取精、去伪存真地甄别、学习、利用，切不可不加分析、不加思考、程式化地以我们的传统之矛来对付现代变化了的新型之盾。

现代科技使世界变小、变平，我们的思维和理念，也必须随着这个变化了的世界而变化，对我们优秀传统的传承，也要吸取其精华，融入新内容，取其所长，避其所短。

四两拨千斤策略的实施取决于天时、地利、人和，取决于你的前提条件准备，取决于你和你的团队的努力，取决于对现实的客

观分析,取决于智慧的布局和对支点的利用,以及有力度地掌控及
发挥。

不可轻视任何的对手

不可轻视任何对手,在看似平静实则硝烟弥漫的现代商务谈
判场上,许多谈判高手不是输在势均力敌的对手上,也不是输在艰
苦卓绝的困境中,反而是输给实力并不对称的对手。

实力和能力的差距,极易给强势一方造成误判。在现代商务谈
判的进程中,由于强势一方过于自信,容易因轻视而暴露漏洞和软
肋,因忽视对手而大意失荆州。

再有,因为科技的因素,各方所具备的软实力不尽相同,这就
造成了现代商务谈判中的变数极多,任何时候都很难用一个标准
来衡量参与现代商务谈判的多方的强弱。

所以在任何情况下,参与现代商务谈判的专家不可盲目地自
信,要时时警觉,把小仗当成大仗打,把弱敌当成强敌来对付。只
要在现代商务谈判的过程中,就不可有任何的懈怠,尤其是对于
那些表面看起来似乎是弱小的一方,绝不可马虎大意地让对手放
马过来。

在整个现代商务谈判的过程中，要把看似弱势的一方当成强者来对待，直至达成共识，达到现代商务谈判的目的。

学会低头和懂得低头

记得我们在购买一家酒店的时候，在进行了几轮谈判之后，我们和卖家因为在一些问题的认知上有偏差，整个谈判遇到了瓶颈。

我们把谈判过程认真地进行了回顾和总结，针对卖家提出的要求，和他们表现出来的"傲慢与偏见"，我们没有让步，而是"寸土必争"，以致影响了酒店的收购。

谈判现状就是我们极力想买，但卖家因为珍爱他用心血建起来的美轮美奂的酒店，不肯轻易让步，而偏偏我们又是如此喜欢这家酒店，因为这家酒店的投入产出效益比非常高。为了达成交易，为了不失去这个难得的好项目，必须要有一方做出让步和妥协。

现在谈判接近收尾，我一直在思考，为什么双方都不可以顾全大局，适当地做出让步或放低一些姿态呢？

经过认真的思考，我们最终做出了让步，通过低头使得采购谈判得以顺利进行。

改变了思路后，我们的谈判很快达成了共识。

在现代商务谈判中,很多人习惯于争锋,不喜欢低头。很多年前我读过一本关于富兰克林的书,书中写道,富兰克林年轻时曾去拜访一位前辈,年轻气盛的他,挺胸昂首迈着大步,进门撞在了门框上,迎接他的前辈见此情景,笑笑说:"很疼吗?可这将是你今天来访'记住低头'和'懂得低头'的第一关。"

不仅在现代商务谈判中,即使是在现实生活中,每一个人不论他的资历、能力如何,在社会里他也只是一个小分子。一个合格的谈判者要客观地给自己、给团队定位,为了大局,该让就让,该低头时就低头,要学会把自己的身段放低。

当我们把奋斗目标定得越高时,就越要在人生的舞台上保持低调,在生活中保持低姿态,把自己看轻些,把别人看重些。只有你学会帮助别人,别人才会帮助你,你学会爱身边的每一个人,大家才会更爱你。

在现代商务谈判中,你一定会发现,一次善意的低头,其实是一种难得的境界:低头是一种能力,亦是一种修养,更是一种美德。它并不是自卑,也不是怯弱,它是一种清醒的经营,也是促使现代商务谈判成功的必要手段之一。

现代商务谈判有时像爬山,有时需要昂首挺胸,有时需要低头不语。

变是不变，不变是变——充分准备，永远不要让对手摸清套路

在现代商务谈判的整个过程中，只有能够掌控变化的谈判者，才可能是最后的赢家。

很多人抱着一个固有观念，认为一个现代商务谈判高手必须能言善辩、虚张声势，表现得非常强势。说实话，我所认识的现代商务谈判高手——无论是企业家、军人、商人还是推销员——都认同一个观点：要实现目标，必须有天时地利，而天时地利并不是经常都有的。

在谈判之前，要掌握和了解与谈判有关的资讯，包括对方参加谈判的人的背景资料、相关的数据，参加谈判的人的个性特点等等。在现代商务谈判前了解一些具体情况，尤其是其他各方的观点和看法。也就是说，不要一下子扎进去敲定一个交易，要谦虚，多问问题，要多去了解谈判对手的观点和顾虑。

在现代商务谈判中，首先要建立信任。信任是成功的基石，不要试图去"购买"支持，而要逐步建立起互信的关系。

在现代商务谈判中，要关注过程，更要关注结果，集中精力进行健康而积极的讨论，避免盲目做出反应。无论如何，在任何的现代商务谈判中，如果能让别人把自己的优点表现在你面前，把缺点

隐藏起来,是一种能力。让别人展现优点有一个前提条件:那就是你个人的行为。人都有优点和缺点,在不同的环境和条件下表现就不一样,有时会表现优点,有时会表现缺点。别人在你面前表现出优点,说明你用自己的行为创造出了适宜别人发挥优点的环境,是你的行为影响了别人。

真诚在现代商务谈判中是极为重要的,在人际交往中也最重要。当然真诚是人性的美,它是人性的优点,如若你对别人虚伪,别人能真诚对你吗? 在现代商务谈判桌上,首先让对手欣赏你的人格,其次再用智慧征服对方。

在任何谈判中,个人人格、修养和能力都是特别重要的,团体的合作更是不可或缺的。在现代商务谈判桌上,语言不仅用于交流,还是武器。要让你的语言一句顶一万句。

谈判桌上的对手,他们不是你的朋友,而是利益分成者。越是强硬的对手,有关他的信息就越丰富;越是强硬的对手,你就应该越有自信心。只有强硬的对手、认真的对手,才是你真正的好客户。在现代商务谈判的过程中,知识本身并不是最强大的力量,怎样用好你的知识,把你的知识变成智慧的语言表达出来,才能制约对手,形成力量。也只有加强了自己的力量,通过影响和征服你的对手,实现共赢,才是我们谈判的真正目的所在。

現代商务谈判的艺术
THE ART OF
NEGOTIATION

第 6 章

现代商务谈判的语言艺术

现代商务谈判是语言的艺术

现代商务谈判时刻体现着语言的力量。

在现代商务谈判中,语言和表达方式,远远不只是为了表达清楚,更不是为了表达而表达。要根据谈判的主题来组织语言,哪些该说,哪些不该说,哪些需要详谈,哪些需要略过,作为现代商务谈判者,要做到心中有数。

现代商务谈判是实力的较量,更是语言的艺术。一位现代商务谈判者根据实际情况去组织谈判语言,至关重要,关系着谈判的成败与收益的大小。谈判时不可忽视每一个用词,哪怕是多一句话或者少一句话,都是不妥的。

我把现代商务谈判的语言种类分为以下几种:铺垫语言、诱导语言、气氛语言、定调语言、归纳语言,还有文字语言。

铺垫语言对谈判开局很重要。现代商务谈判的主导者首先要给谈判铺垫一个和谐的开场白,针对谈判的对象、谈判的内容、谈判的目的,运用好铺垫语言,把谈判引入轨道。在这点上,许多华裔商人是存在着一些误区的,他们以为语言在谈判中才开始作用,其实只要谈判确立了,谈判者就可针对谈判而组织自己的语言了。

世界上许许多多的事,是看着容易做着难。现代商务谈判更是如此,表面看起来现代商务谈判好像只是谈判的双方,在通过语言的力量进行博弈。实际上,谈判时涉及许多相关的知识、技巧、方法和策略。在谈判桌上,说什么,怎么说,哪些该说,哪些不该说,哪些先说,哪些后说,这里边都有学问。

比如做生意谁不会?你看看这周围,满天下都是生意人,可是能把生意做好、做成,就不是那么容易的了。

在现代商务谈判中,运用好你的语言,则是一个值得探讨的课题。比如表面上看起来,在中国,谁不会说中文啊?!但能把你的中文说在该说的地方,说得恰到好处,那可就很不容易了。

同一件事用不同的语言去表达,其效果就大不一样。

有一次,我和我的表弟在北京逛潘家园文物市场,逛着逛着,就听到我的表弟喊:"哥哥,你看,这有你要找的老地图。"

我听了,只好扭头走开了。

他不解地问:"好不容易找到了,你怎么走开了?"

我只好告诉他,他的那句话说早了,说的声音太大了,说错了地方,那张老地图是我们要找的东西,但现在不可能成交了。

他不信,回头就去问那个卖货的商家,然后,气呼呼地回来说:"太不像话了,要的价格太离谱了。"

他开始没明白，是他自己把价格喊上去的，这是起码的商业常识。一件商品的价格是和它的需求紧密相关的。在这件事上，他没把话说好、说对、说合适。

我们在现代商务活动中，几乎每天都遇到类似的问题。

尤其在现代商务谈判中，怎么说，说什么，何时说，何时不说，要把握好或运用好，就很不容易。

作为个人，说得好与坏，没有太大的问题，但如果你代表着一定的商业利益或代表着某一个群体，那说得如何，就大不一样了。

当你作为决策者的时候，尤其当你作为现代商务谈判者的时候，你的语言表达就有不同意义了，因为这不但涉及你个人的利益，还有你背后的那些人和群体的利益。这时你所说的和你所做的，就会直接影响你所代表的人和群体，而且你的语言带来的实际效果很快就会呈现出来。

这效果也就直接说明了你的谈判水平。

在现代商务谈判桌上，任何非理性的语言都是没有正面作用的，赌气更是没用的。如何才算是运用好语言，谈判的结果才是检验的标准。

现代商务谈判中的铺垫语言——由简入繁，步步登高

现代商务谈判的铺垫语言，是谈判中必不可少的基础语言。铺垫语言是将参与谈判的各方引入谈判状态的必要的铺垫。这时的语言，需要循循善诱，步步接近，不急不躁，环环相扣。

现代商务谈判的语言有它的特殊要求。在商业现代商务谈判中，首先是谈，谈就要用语言，而语言的组织、表达、选择，在不同的谈判阶段，要求是不一样的。谈判的开局阶段，需要将谈判的主题、谈判的原则，逐步说明。

既然是铺垫语言，需要有一定技巧性的表达，有着它的特殊要求。

首先，在现代商务谈判的开始，这时语言的作用，就是要双方进入一种比较温馨、轻松的状态，同时要引领谈判双方，尽可能地进入自己营造的氛围中，这时的语言需要清晰而婉转，温和而友善。

铺垫语言的魅力和特色，在于虽然不言明主题，却要设定范围，用温和的表达方式，吸引对方的注意力，并影响现代商务谈判的走向。这种语言不带有明显的功利性、目的性，但实际上却起到

了相同的作用。

善用铺垫语言的现代商务谈判者，会不知不觉地引导谈判的走向。一般来说，铺垫语言的表达方式是含蓄的、温和的，有时甚至是"性感的"，也可以是"迷离的"。铺垫语言看似委婉，实则不然，它是为后边的"战斗"垒砌起平台，并且能逐步垫高，不知不觉地把对方牵引进自己的炮火下，进入自己的包围圈，等到对方发觉时，已经不知不觉被你的铺垫语言引入了"歧途"，再想反悔，却已经来不及了。

铺垫语言，既起到了谈判的铺垫作用，还能为自己下一步的动作奠定基础，为正式进入商务谈判打下稳固的基础。

现代商务谈判中的气氛语言——重重叠叠，烘托场景

在现代商务谈判中，气氛语言是用来化解谈判中的危机的。有时气氛语言也是一种障眼法，可以用来转移对手的注意力。

现代商务谈判中的气氛语言，乍听起来似乎无关紧要，实际上用好了气氛语言，它的作用不亚于唇枪舌剑的锋利般的言语。

我有一个北大文学系毕业的好朋友，是一个高级编辑，前几年当他阅读了我的一部书稿之后，在北京的月光下，我们做了一次

长谈。

他语重心长地告诉我,我的文字有一个很大的欠缺,就是整篇文章乃至整本书中,没有闲笔。当时,我很不理解,后来他循循善诱,耐心诚恳地给我讲解文字中闲笔的作用和重要性。

我和朋友的这次长谈,对我启发很大,尤其是他关于闲笔的阐述和论述,让我受益匪浅,记忆犹新。

后来我回到了美国,在紧张工作之后的休闲时分,在激烈的现代商务谈判的空隙,我常常想起老朋友的这段关于闲笔的论述。我慢慢地体悟到,在文字中,闲笔看似无用,实则有用,看似不重要,实则很重要。联想到自己几乎每天遇到的现代商务谈判,不是也应该有闲笔这一要素吗?

而现代商务谈判中的气氛语言,就是文字中的闲笔。在现代商务谈判中,气氛语言是用来弥合谈判者之间细小的裂痕的,是促成谈判成功的润滑剂。

气氛语言可能不容易被现代商务谈判者重视,而实际上,很多时候,气氛语言像润滑剂,它会以柔克刚,将面临崩溃的谈判拉回谈判桌,会把溜走的谈判机会及时地、轻轻地拽回来,会挽救看似无路可走的僵局。

在后来的现代商务谈判中,我们及时地改进了以往咄咄逼人的谈判风格,调整了以往铁板似的谈判信条,在看似紧张、严肃的谈判中融入气氛语言。看似简单的转变和改进,实则是在语言的运用上更上了一层楼。这个调整,使得我们的谈判成功率大大提升。

现代商务谈判中的定性语言——逻辑严谨,准确规范

现代商务谈判中的定性语言,是谈判中至关重要的语言表达。每一次谈判,均有不同的主题,作为谈判的一方,一个主要的职责就是要引导和规范谈判。在一般情况下,参与谈判的每个人,均有自己的想法,有时候,可能因为其中的某个人或者某些人对谈判的主题理解得不够,也许是会有意识地想把谈判导向其他的方向。在这样的情况下,明确而清晰的定性语言,在谈判中及时地规范和确定谈判的方向和目的,就非常重要了。

定性语言要明确而清晰,准确而明了。谈判需要有理有据,数据清楚而明了,言出有据,定量准确,语言规范到位,描述准确无误。

在现代商务谈判中,不但要以理服人,更要用数据、事实服人,讲清道理,讲清利害关系,准确地表达、清晰地定性,不夸张,实事求是。

在规范的现代商务谈判中，尤其是涉及重大利益的现代商务谈判，谈判者语言要精练、精准，才能说服对方，才能在对方同意的前提下签下合同。

那么定性语言包括哪些方面呢？首先，对现代商务谈判标的，要准确定性地描述，这时的现代商务谈判语言要求准确无误。在对现代商务谈判内容有了通盘的清楚的了解之后，用精练的阐述和描述，对谈判双方所面对的具体问题准确定义，这是非常关键的第一步。这时的定性语言，不能多，不能少，不能夸张，更不可有任何的文学成分。

初看起来，在商务谈判中定性的语言不多，但把定性语言谈准、谈到位、谈清晰，不是一件很容易的事情。

记得在一次现代商务谈判中，我们在纽约州一家公司的会议室中，谈关于西点军校的一个科技项目，与检验方谈判如何解决在验收中出现的问题。对方一上来，先谈了西点军校的重要性，极力把西点军校和军事联系起来，把事情挑大，然后再漫天要价，狮子大开口。面对这样一个现代商务谈判的开局，我们的谈判者首先阐明，这是一个纯科技的项目，而这个科技问题的研究和解决，与地点无关。就是说，这个科技项目，是在一家饭店进行，还是在白宫进行，在科技数据和技术路线上没有任何区别。这样的定性语言，及时地把对方界定在一个前提下，清楚地确定要谈判的内容是具体的科技问题。这样明确的界定，把对方从想要把一个具体的科技问题膨胀成政治问题、军事问题的框架中拉了回来，拉回了正常的谈判程序。

遵循相关的法则和技术路线，问题很容易地得到了解决，而没有使它复杂化。定性的语言，起到了非常重要的作用。

在现代商务谈判中，用好定性的谈判语言至关重要。定性的语言可以及时抑制住可能出现的脱轨现象，更能在关键的时刻，准确地调整谈判的方向，准确把握住谈判的脉搏，使得商务谈判在设定的轨道上，健康地推进。

现代商务谈判中的归纳语言——由繁入简，直奔主题

现代商务谈判的归纳语言，能保障整个谈判健康地收尾。

人生没有彩排，都是现场直播，每个人的每时每刻，都在书写历史，创造历史。在现代商务谈判这样的专业平台上，作为现代商务谈判者，没有机会彩排，每一句话都是在工作、战斗、拼搏，对手不会给你太多的时间或太多的选择。

所以在现代商务谈判中，如何用好你最为重要的武器——语

言,极为重要。在现代商务谈判桌上,谈判者没有懈怠的机会,更没有慌腔走板的权利,你必须认真地看待对方的每一次出牌,每一句话的含义,用自己的专业知识、专业语言来谈判。

在现代商务谈判语言中,归纳语言属于精练、专业的职业语言,既不能毫无趣味,也不能显得浮夸,既不能火药味十足,更不能阐述不清。要提炼出谈判现场的精华,准确而客观地把谈判桌上的收获及时"打包",总结、归纳成现代商务谈判进程中的一个个小的里程碑,总结成一个初步的成果,然后在此基础上,继续往前进,步步紧逼,边捆绑起成果边继续向前。这是一个连续动作,没有空隙,要连续不断地步步逼近商务谈判的目标。

现代商务谈判者要充分地利用好谈判现场提供的素材,及时把每个阶段的谈判成果归纳、综合,使得商务谈判有条不紊地接近既定的目标。

现代商务谈判中的肢体语言——举手投足,点滴是戏

现代商务谈判的肢体语言,顾名思义,就是谈判者在商务谈判中用身体动作所呈现、表达的语言。

在现代商务谈判中,肢体语言是无声的语言,是语言的高级体

现,只是许多人忽视了这种高级语言。

　　一般情况下，我带自己人进现代商务谈判场所时都会提前10分钟入场,这样做的目的和作用有几个,其中一个最重要的,就是我们可以看到对方的谈判团队。在入场之时,他们每个人最初表现出来的肢体语言,通过对谈判者的仪态、服饰、头型、服装、鞋子和走路的姿势、入座的方式等动作,做出一个综合分析和判断,进而知道对手的整体水平和攻击能力。这样就做到了心中基本有数,知道了当天谈判的打法,也基本上确定了自己团队的攻击方向。

　　许多人可能没有注意到，无论是从心理学还是从行为学的角度来看,每个人每时每刻,都在用自己的肢体语言,向外释放着自己的信息,而且是那么明显和清晰。

　　从一个人的肢体动作,可以看出他的修养、学识、能力、特点、爱好……我们常听人们说,某某很有气场,说的就是这个道理。一个人所谓的气场,实际上是他肢体语言的一个综合的反映,是他的经历、学养、思维能力和行动力的综合体现。

　　在现代商务谈判桌上,细心地观察,认真地体味对手通过肢体语言所传递的信息和动向,是极为重要的。我们知道,人的行动力是容易训练的,但感知力的训练和培养是比较困难的,需要一个过程。而在现代商务谈判桌上,感知力则极为重要,这就是为什么人人可以谈判,人人都能上谈判桌,但不是人人都能谈好现代商务谈判的重要原因。

现代商务谈判者要具备这种感知力,才能读到、读懂谈判对手的肢体语言。而肢体语言有一个重要的特色,它的发生通常是无意识的,甚至是随意的,是无防备心理的。

这就大大地增强了肢体语言表达出的信息的准确性。如果你具备敏锐的感知力,能抓住这些信息,那么这场现代商务谈判,你不想赢都很难。

现代商务谈判中的无声语言——沉默的力量,无声胜有声

在现代商务谈判中,运用无声语言至关重要。

现代商务谈判的要点就是谈,要表达,要阐述你的观点和条件,可无声有时也是一种表达。现代商务谈判是通过谈进而达到判,这当然是正常的进程,而如果用无声语言,在现代商务谈判中,不谈而判,则达到一种极高的境界。

在现代商务谈判中,运用无声语言,包含了几种情况,有时是此时无声胜有声。好的现代商务谈判手,一定要学会沉默的作用和力量。

在我们的商务谈判中,到了关键时刻,在对方要出报价的前几秒钟,一定要学会沉默,学会等待。有几次,在我们的商务谈判中,就在临界点的时候,新进的年轻人不知深浅地出来讲话,从而引发了一些额外的问题,把到手的鸭子给讲飞了。这种情况在现代商务谈判中经常出现,所以在我们的现代商务谈判过程中,严格规定了在特殊的时刻要保持沉默。

在谈判进行到一定阶段后,无声的语言,有着任何语言都起不到的作用。这种沉默会耗掉对方的耐心,会让对方摸不透底牌,会让对方沉不住气,这比任何有声语言都强,能更有力地摧毁对方的防线。

无声语言要用在特殊的时段,特殊的情况下。用得好,它就是现代商务谈判的利器,会起到任何有声语言都起不到的作用。

现代商务谈判中的文字语言——白纸黑字,铁证如山

在有声语言、无声语言轮番上阵后,有时如果还是阐述不清楚、表达不明确,不妨用文字语言来表达更为有效。

文字语言,包括己方准备的文字方案、文字资料等,也可以是随时写出的文字说明、字条等。

文字语言的作用,还不止体现在谈判的过程中,当商务谈判进行到一定的阶段后,一定要有文字语言的记载,形成阶段性的成果。

当然,在商务谈判取得一致的协议后,则更是需要文字语言来明确地记载和表达了。

现代商务谈判语言使用禁忌

现代商务谈判语言切忌居高临下,不管你身份多高,背景多硬,资历多深,都应放下架子,平等地与人交谈,切不可给人以"高高在上"之感。

无论在谈判中,还是在交谈中,不要炫耀自己的优势,更不要或明或暗地为自己吹嘘,以免使人反感。同时,更不宜口若悬河。如果对方对你所谈的内容不懂或不感兴趣,不要不顾对方的情绪,自己始终口若悬河。

在谈判中,当你听别人讲话时,精神要集中,不要左顾右盼或面带倦容、呵欠连连,或神情木然、毫无表情,让人觉得扫兴。同样的道理,忌随意插嘴,要让人把话说完,不要轻易打断别人的话。另外,作为谈判者,不要节外生枝,要扣紧话题,当大家正在集中精力谈经济问题时,你突然把科技问题提出来,显然不合时宜。在谈判中,姿态要自然得体,手势要恰如其分,切不可指指点点,挤眉弄眼,更不要挖鼻掏耳,给人以轻浮或缺乏教养的印象。

在谈判的过程中,别人在谈话时出现了错误或不妥,不应嘲笑,这样会伤害对方的自尊心。有不同看法,要坦诚地说出来,不要一味附和,也不要胡乱赞美、恭维别人。

商务谈判中,有一说一,有二说二,客观而具体,不可言不由衷。不能故弄玄虚,本来是习以为常的事,切莫有意"加工"得神乎其神,语调时惊时惶、时断时续,或卖"关子",玩深沉,让人捉摸不透。在谈判中,对参与谈判的各方人士,要一视同仁,而不要按他人的身份而区别对待,热衷于与某些人交谈而冷落另一些人,以免引起不必要的误会,而使正常的商务谈判增加无效的成本。

商务谈判是一个相对规范的交流平台,所以不可短话长谈,浪费大家的宝贵时光。要适可而止,提高谈话的效率,使商务谈判在规范、专业的轨道上,顺利地达成谈判的目标。

现代商务谈判的艺术
THE ART OF
NEGOTIATION

第 7 章

现代商务谈判者所
要具备的素质

心理素质和个人素养

现代商务谈判者心理素质和个人素养的高低，直接影响商务谈判的结果。

商务谈判是一种高级的脑力劳动，也是商务活动整个链条中最为重要的一环。在商务谈判这个高级平台上，谈判者所能创造的价值是无法估量的。在商务谈判中，谈判者可以谈得成绩辉煌，也可以谈得一败涂地，这在很大的程度上取决于谈判者心理素质和个人素养。

现代商务谈判对谈判者的个人心理素质和综合素养，有客观上的要求和标准。

首先，不可以怯战，但鲁莽也不是一个好选择。商务谈判是没有硝烟的战争，是擂台，而不是戏台。

不可以思维混乱，不可以精神不集中。现代商务谈判的特性，决定了参与商务谈判的成员需要清晰的思维，他需要将所有的知识、资讯、信息，有效地组织、调动起来，在有限的条件下，完成限定的任务，与对手达成协议，这是商务谈判本身的要求。

商务谈判既然是没有硝烟的战争，就有胜负、有伤亡，只有具备良好心理素质的人,才能胜不骄,败不馁,百折不挠,越战越勇。

在现代商务谈判的过程中,不到最后的一秒钟,都不能明确结果如何,只有坚持到最后,才能看到分晓。在这个角力的过程中,不但需要谈判者的勇气、耐力,还需要谈判者在面对许许多多突发状况时,能临场发挥,灵活处理这些棘手的问题,这就需要谈判者不单有良好的心理素质,而且还要具备良好的综合素养。

培养这些良好的素质和素养,是有一个过程的,不但要从书本上学,也要从实践中摸索和锻炼,在战争中学习战争,是最为有效的方法之一。平时注意观察和学习,不放弃任何实践机会。罗马不是一天建成的,只要有心,就能在不断学习、不断实践的过程中,逐步提高自身的素养和综合素质,就能成为一个合格的商务谈判高手。

运用语言的能力

作为一名现代商务谈判者,运用、支配语言的能力,是极为重要的。

我们知道,现代商务谈判的"谈",就是用语言来交流,沟通,来说服对方。作为商务谈判者,运用和支配语言的能力,是最重要的能力之一。

　　同样的一句话,怎么说,说的方法、方式、语调的高低和语气的轻重,哪里升调,哪里降调等等,都有讲究。

　　所以优秀的现代商务谈判者,不但是逻辑思维的强者,更是运用和支配语言的高手。

　　如何组织现代商务谈判中的语言, 如何驾驭现代商务谈判中的表达,如何正话反说、反话正说,何时快说,何时慢说,何时需要一言不发,何时需要滔滔不绝,都能体现现代商务谈判者的能力和水平。

　　用好商务谈判语言,可以把糟糕的商务谈判谈出亮丽的结果,用不好商务谈判语言,可以把本来很好的商务谈判,谈成一个没有结果的糟糕的商务谈判。

　　在变幻莫测的商务谈判桌上,语言是商务谈判者的工具,也是商务谈判的手段。语言可以是润滑剂,也可以是阻力,更可以是催化剂,用不好的话,也会成为腐蚀剂,这就看商务谈判者的水平和控制能力了。

　　作为现代商务谈判者,运用和掌控语言的能力,是上谈判桌前必须要训练的项目,因为在实际的商务谈判中,商务谈判者的语言表达和控制能力作用上非同小可,往往可以左右商务谈判的成败。

在现代商务谈判中,语言本身是中性的,但语言一旦附加在商务谈判者身上,它就有了色彩,有了倾向性。一个好的商务谈判者,必是一个极好的语言运用者、操控者。

临危受命的应变本领

现代商务谈判者还要具备一项能力,就是临危受命的本领,要能及时而迅速地应对和掌控突发事件。

商务谈判的整个过程起伏跌宕、峰回路转、险象丛生,且不说商务谈判的过程有如腥风血雨的攻防, 其本身就是一种危机处理的重要手段。

商务谈判常常需要在瞬间做出决策, 所以在商务谈判进行的过程中,在许多关键的场合和特殊的状况下,要有将在外君命有所不受的勇气和担当。

好的商务谈判者,必须具备这种随时随地可以出场,随时随地都能拿起刀枪上战场的能力和勇气。

商务谈判不是游戏,不是谈天说地的沙龙,不是酒会,更不是聚会。商务谈判不太可能是温和的。商务谈判桌上温和的是气氛,而非实质。

另外，需要商务谈判的情况，许多时候是因为突发事件，商务谈判者是临危受命的关键人物。

在这种特殊的状态下，不可能在事件突发的时刻，让商务谈判者掌握过多的信息，因此，就需要商务谈判者具备"特种兵"的特质，靠平时的积累和学习，训练有素地上得去，守得住。

通常情况下，在平和的环境下做一件事，一般来说不难，因为你有足够的时间可以准备，可以演练，你还可以有足够的时间去思考、推演、论证、比较，等等。但是如果在突发的情况下处理一件事，就会陡增许多的困难。如果要在特殊时刻力挽狂澜，就对商务谈判者提出了更高的要求。商务谈判者应具备的作战能力要非常强，才可能完成这些被常人看来不可能完成的任务。

好的商务谈判者，必是一个精力充沛、思维严谨、能驾驭危机事态的高手。

和平的环境造就艺术，动荡的环境造就危机处理人才。好的商务谈判者，就是这样应运而生的人才。想做一个好的商务谈判者，就要对自己苛刻一点，善于学习、善于总结、善于提炼，只有不断地学习，才有可能成为一个善于化解危机、善于处理突发事件的商务谈判手，才能成为在商务谈判桌上控制谈判走势的合格的谈判高手。

胆识胆略

参与现代商务谈判的谈判者自身所具备的胆识，直接影响谈判的成败，尤其是在遇到谈判僵局的关键时刻，更需要谈判者的无畏精神、胆识和智慧。

人们熟知商务谈判的艰苦性、斗争性、特殊性，所以参与商务谈判的双方都会派出自己的精兵强将上场谈判。这决定了商务谈判不会一帆风顺，也决定了大部分商务谈判进程的艰苦性，这就要求商务谈判者，不但要有足够的知识，更要有足够的胆识，勇于面对强手，临危不惧，遇阻力而不退缩，反而要越战越勇。

在现代商务谈判的进程中，随时会有新的情况出现，有时甚至会出现危险的场面。对方的商务谈判手，盛气凌人者有之，咄咄逼人者有之，步步逼人者有之，没有足够的胆识，单是要应付这种商务谈判场面，就足以把一些商务谈判者压倒。

我想起在芝加哥的一次商务谈判。芝加哥不但有许许多多的政治奇才，更有数不胜数的商业精英。为了一个科技项目，我们和"芝加哥帮"相遇了，被逼上了商务谈判桌。当我们的谈判团队出现时，扫视对方，竟然发现对方上场的谈判者，体格健壮、目露凶光，大有一口吞掉我们的气势和气魄。而我们的谈判者,却是常见的文质彬彬的形象。

谈判一开局就对我们不利,对方上场的谈判者,不但体格魁梧,更是思维敏捷。

但我们的团队平静如初、不温不火,对方知道遇到了对手。激烈的开局并没有打乱我们原有的冷静和平和,他们只好暗自收敛最初的气势汹汹,静下来,就事论事地谈具体的业务问题了。

在商务谈判中要有胆有识,不被对方的叫阵所迷惑,清醒地面对局面,冷静而沉着地出手,这在现代商务谈判中也是必须要具备的能力。

个人能力和团队合作

在现代商务谈判中,个人能力和团队的密切合作是取得商务谈判成功的重要因素。在现代商务谈判中,个人英雄主义是不可取的,只有个人与团队密切配合、有机结合,充分地发挥出团队中每一个成员的潜力,才能使谈判的效果发挥到最佳。

现代商务谈判是一个综合性的攻防游戏,它涉及的领域跨度极大。它需要集体的智慧,群策群力。在商务谈判中,每个人都是非常重要的。

但是单体的力量都是有限的,而集体的力量则是强大的,甚至是无限的。唯其如此,每一个人虽然都很重要,但集体的协作和配合更重要。

必须反复强调的是,英雄主义是不可取的。这就像在打一场比赛,需要团队的配合,需要主攻手,需要二传手,需要助攻手。

一个成熟的商务谈判手,必须是一个善于把自己融入团队的高手。

在现在的社会环境下,一个个人,就是浑身是铁,也打不了几颗钉;每一个个人,如果没有团队的配合,不会走得很远,在商务谈判中尤其是如此。

商务谈判是综合能力的体现,优秀的个人可以作为骨干、当成主力,但一定要和团队配合,必须密切、精诚地与团队合作,方能形成优势,才能无坚不摧,才能攻下城池和堡垒。

在这个问题上,华裔群体尤其要引以为鉴。作为单体,他们个个很聪明,也很能做事,但是在大型商务谈判中的配合,他们的团队精神却有待改进。这点印度人做的就好得多。记得那是在2006年的冬天,一个大雪纷飞的夜晚,我们一行三人,在大西洋赌城的一家俱乐部中和印度一个家族企业进行商务谈判。最初带我们做这个项目的年轻人,是这个家族最小的孩子。在他们家族的酒店生意中,他的父亲是掌舵人,他的大哥是建筑师,二哥是房地产开发商,负责整个家族的房地产投资的日常运作。他作为最年轻的孩子,负责市场的开发和拓展,一家三兄弟,在其父亲的指挥下,配合默契,行动迅速,在短短的几年中,就在大西洋赌城吃下了不少房地产项目。我们的几次购买行为,都是通过他们家族的投资公司进行的,在与他们进行的合作谈判中,深切地体会到了他们之间的默契。

在整个商务谈判的过程中,从谈判的开局到谈判的中场,再到谈判的结束,每个节点,涉及的知识和信息都不同。世界上没有全才,也不可能有所谓的全才,要谈到预期效果,就一定得学会和团队配合。单线不成丝,团结有力量,只有把个人的能力融入团队中,才能使你的商务谈判谈得更好,谈得更有成效和收获。

气质和魄力

在现代商务谈判中,谈判者所表现出来的气质直接影响你的对手,直接影响谈判的结果。

谈判者的气质和魄力,会直接反映在正在进行的谈判中,会影响每一个在场的参与者。

如果说在商务谈判中,有许多的无形资源和资产可用,气质绝对是一笔巨大的无形的财富。

一个优秀的商务谈判人才,他的气质可以带动己方,更可以影响对方,谈判中经常会因为优秀商务谈判人才的气质,达到不战而屈人之兵的效果。

我们可以认真想象一下,当你面对一个气质高雅、素质优秀的对手时,从心底会不会肃然起敬,会不会被他影响,甚至被震慑?对方所表现出来的气质,会大大地影响你自己的攻击力。同样的道理,你所展现的气质,对你的谈判对手,也会有同样的效果。

一般我们不会在一个气质高雅的商务谈判对手面前轻易亮剑,反而会主动地退一步,甚至会尽自己的所能给自己所尊敬的对手留出空间,不在万不得已的情况下,我们绝不会为了一些不重要、不是原则性的问题主动进攻。这样的心态在谈判中也有。

这并不是说你失去了原则,这是一种心理的平衡,是自己对自己的一个约束:尊重人才,尊重对手。可以想象,在这样的心态下,商务谈判就会变得容易得多。

所以作为优秀的商务谈判者,气质会是一把无形的利剑,在商务谈判的场合,有非同凡响的力量。

商务谈判者的气质的形成,需要一个长期积累的过程,不是一日之功。

我们会在商务谈判的间隙,对对方的谈判者进行迅速的定位,尤其是对对方在商务谈判中所展现出来的气质,做出一个清晰的判定,以决定下边的谈判策略。

同样的道理,对方也是如此,所以在场的谈判者的气质作用举足轻重。这是软实力,是一种不用花资金,就能具备的力量。

临门一脚的硬功夫

在现代商务谈判的过程中,谈判者具备临门一脚的硬功夫很重要。谈判的关键就是要得到结果,到了关键的时候,就要及时地射门,迅速而勇猛地射门。这种临门一脚的硬功夫,是现代商务谈判者必须具备的能力。

我们喜欢足球,但不喜欢中国足球的踢法。运球的目的是射门,可中国的足球在脚下来来去去,就是射不进门。

现代商务谈判也是如此,只运球没有意义,运球的目的是寻找时机,稳、准、狠地射门。

在现代商务谈判中,我们所运用的各种各样的策略、技巧、资源、信息、实力，所有的一切，就是为了谈判的最终结局，而这射门的功夫，就是谈判者在关键时刻的总结和归纳能力，及时而迅速地把商务谈判的成果形成决议，并付诸执行。这种归纳和总结的能力，就是临门一脚的硬功夫。

及时将谈判成果归纳和总结的谈判者，就是一个好的运动员。他像老虎一样，机敏而沉着，一旦发现猎物，就会迅猛而敏捷地，及时地把猎物收入囊中。

我有一个很好的助手，我们一起工作许多年了，他的语言表达能力，堪称一流。再难的商务谈判，他都毫无惧色。他会使许多濒临崩溃的谈判起死回生，他会毫不费力地打破僵局，是一个不可多得的商务谈判人才。但就是有一点，他在谈判时用尽激情，却常常刹不住车，该止的时候止不住，该收的时候却还张开激情的翅膀展翅飞翔。

他往往在关键的节点上停不住，使得许多该收场的谈判，不能在合适的时候收尾。

在一次商务谈判中，最早去的谈判者遇到了困难，派他前往后，不出几个回合就把谈判的僵局打破了，可是他还在尽情地发挥，到了第三天，对方打来电话问我：谈得很顺利，下边怎么办？

该收尾了，他却还在夸夸其谈，几乎要丧失战机，照这个趋势下去,很可能把要收口的谈判再谈回去,这是我们都不想看到的结局。

所以一个好的谈判者,不单是一个好的二传手,也不单是一个好的协调者,更应该是具备了上述条件后的优秀的射门员。

在现代商务谈判中,谈判者临门一脚的硬功夫,直接决定着谈判的成败,直接影响着谈判的结局。

契约、信用

现代商务谈判中最常涉及的就是合同、契约,在现代商务谈判中,首要的要求就是谈判各方的信用和契约精神。

契约精神在现代商务谈判中极为重要,现代经济就是由无数的契约构成的。而现代商务谈判就是要通过沟通、磨合而达成契约。契约精神是商品经济中一种自由、平等与守信的精神。

认真观察和分析那些成功的商务谈判,参与者无不具有非常好的契约精神,不成功的商务谈判也有一个共同点,就是契约精神不够,这也是失败的商务谈判的通病。

失败的商务谈判者具有的共性是个人利益至上,罔顾合作者的权益,视契约为废纸。这样的商务谈判者等于自掘坟墓,谁会给一个不讲信用的人第二次机会？

没有契约精神的商务谈判者，是商务谈判中不具备职业水平的谈判者。

虽然在商务谈判中，契约精神和信用非常重要，这也被大多数人所接受，甚至可以说是参与商务谈判各方的共识，可还是有那么多明知故犯者。究其原因，有些是职业训练不足，也有一些是受不成熟的情绪所影响。

作为商务谈判的参与者，培养和训练个人的契约精神和重信用的习惯，是非常重要的。在商务谈判中，你平时积累的信用和契约精神，会大大地抬高你在谈判中的作用和影响力，加大你在谈判中的话语权。

现代商务谈判的艺术
THE ART OF
NEGOTIATION

第 8 章

现代商务谈判的策划
和准备

现代商务谈判前的筹划,打有准备之仗——准备和策划

现代商务谈判是一个综合性的平台,谈判涉及领域众多,关系到许多专业领域,涉及的知识面宽。要把商务谈判按计划、按步骤地完成,事先要做足准备工作。

现代商务谈判的准备和策划,是展开谈判之前的一项重要工作,打有准备之仗,事先的准备,是必不可少的。

世上没有常胜的将军,但好将军一定是一个准备充分、计划安排周密的指挥者。人们所说的兵马未动粮草先行,也是讲充分准备的道理。

如果现代商务谈判是战场,那么谈判桌上的谈判者就是指挥官,他们的任何决定,都决定着战役的胜败。

任何谈判者,无论是久经沙场的老将,还是初入职场的菜鸟,都要在谈判前认真地遵循谈判的主题和主线,做好充分的准备。这些准备包括对谈判内容的了解,对与自己对阵的谈判对手个人特点的研究,对谈判中每一个阶段进程的预测,对可能出现的突发事件的应对办法,准备对可能出现的问题的解决方案等等。

在这些准备工作中,除了准备以上这些被动因素之外,还要准

215

备相关的主动因素,比如,如何引导对方跟着自己的节奏走,如何主导谈判的走向和进程,如何分化和瓦解对方的实力,如何击中谈判对手的软肋,等等。

现代商务谈判的数据、信息的搜集、基础资料的汇集,也是谈判者要准备的内容。

另外,在谈判之前,内部的分工一定要详细,每个参加谈判的人,其岗位职责范围、侧重,一定要清晰明确。哪个助攻,哪个策应,哪个是二传,哪个是主攻,各自的进展程度,如何把握,不可不到位,也不可越位。

谈判前准备得越充分,越仔细,越认真,就越有战场支配权、控制权,就越能充分展现己方的实力,把商务谈判谈出应有的水平,获得应有的收益。

设定现代商务谈判的区域和防线

在谈判的准备和策划中,首先要设定现代商务谈判的区域和防线。也就是确定进攻点在哪里,止损点在哪里,哪里是雷区,哪里是封锁区,哪里是撤退的临界点,哪里是底线。以上这些都要在谈判之前计划和安排好,准备好预备方案,准备好应对的措施。

现代商务谈判是为了解决商务之中存在的问题，是为了达成共识而进行的一种商务沟通行为，每一次商务谈判都有明确的目的。所以在每场谈判开始前，首先要对谈判的区域进行明确的规范，这样避免浪费双方的精力和时间。

同时，为了避免突发事件、突发因素的干扰，防止正常的商务谈判偏离轨道，在谈判前就要布好谈判的防线，以避免对方将正常的商务谈判引得离题太远。

比如谈判内容有些是今天谈的问题，有些是明天谈的问题，有些是本次谈判必谈的问题，有些不是本次谈判必谈的内容，有了这些明确的规范，可以防止谈判对手偏题，尤其是对那些不按常理出牌的谈判者，这种规范至关重要，不然你作为一个遵循规则的谈判者，就很可能被那些不规范的团队拖住，甚至拖垮。

设定自己的防线，说的是有些是可以拿来探讨和讨论的，有些是既定的原则和方针，是不可用来探讨和讨论的。这样，划定范畴，在有限的时间内，解决特定的问题，只有这样明确的事前的设定，才能保障现代商务谈判健康、顺利地进行。

提前拟定现代商务谈判的步骤和进度——谈判步骤的拟定和准备

拟定现代商务谈判的步骤和进度，是必须要在谈判开始之前要做的准备工作之一。

现代商务谈判要有理、有利、有节。这里的有节，就是指节奏、步骤。根据谈判内容和业务范围的不同，每一次的商务谈判所采取的方法不同，每一次商务谈判所用的推进方式也不同。好的谈判团队，会在谈判前很好地进行安排，设计出每一个步骤的节奏、进展，进而确定在不同的阶段，采用不同的策略和措施。

实际的现代商务谈判的过程，就像一套文艺节目的表演过程，就像一部戏，有开始，有结尾，有高潮，有低谷，有起伏跌宕，有峰回路转。在每一个节点都要有非常具体的方法和步调，使得自己的团队密切合作，高度协调。

在有了严密的步骤设计后，就要对谈判的进展进行严格的控制，尽管谈判是双方的事情，但商务谈判是有章可循的，事前的安排和计划，就是要根据这个规律性的程序，安排得更为具体，更为详尽。

尽管如此，不管你有多么具体、详尽的计划，在实际的现代商务谈判的进行之中，也会出现走偏的问题，但这不妨碍大局，只要掌控得好，事先安排得周密而细致，就能保障商务谈判正常进行。

仔细观察以往的现代商务谈判的案例，就会发现，有准备、有安排的一方，往往占据了极大的优势。就是说如果双方没有准备，那么谈判的随机性会很强。但是如果其中的一方，在事前进行了充分的准备和安排，那么整个的商务谈判过程，很可能就会被有充分准备的一方主导、推进，这样一来，有准备的一方就大大地增加了谈判的胜算。

所以，专业水平的谈判团队，一定是一个有充分准备的团队，一定会提前拟定好现代商务谈判的步骤和进度，引导着现代商务谈判步步推进。

谈判步骤的拟定和准备的过程是一个细致、严谨的过程，凡事预则立，不预则废。日常工作是如此，现代商务谈判更是如此。谈判的结果是否好，取决于谈判前的准备工作是否充分。

在谈判开始前，有许多功课要做。首先，根据谈判的内容、范围、目的，在谈判开始之前，就要决定和规划出谈判的步骤。其次，每个谈判阶段的衔接；每个谈判阶段的重点；谈判的开局如何导入主题;如何说服对方接纳自己的计划和建议;谈判中场估计会有哪些问题出现;对方会如何出牌,己方要如何应对;对方可能采取的策略,己方应有的应对备案;如何归纳和总结谈判的成果,用哪种形式来达成协议;谈判协议签订后的执行方式,等等,这些相关的问题,需要在谈判开始前,全部准备好。

针对谈判中可能出现的问题,也要有一套或几套备案。

在现代商务谈判的过程中,任何情况都有可能发生,一帆风顺的谈判是大家都希望的,但谈判双方必然有各自的利益诉求。所以,谈判前的准备工作,就变得越来越重要。做好充分的准备,才不至于在谈判过程中,对对手提出的问题,无从下手,仓促应战。

现代商务谈判是涉及多方面内容、多领域的知识的交战,是一场综合性很高的商务活动,没有人能够真正地在风云变幻的谈判场上,毫无漏洞地应对自如。在这样的场合中,没有人能够在这么短的时间内,做出准确无误的决定,要弥补这些短板,就只有在谈判前,做好、做足准备。

现代商务谈判者都是有备而来的,机会总是会留给那些有准备的人,准备得越充分,准备得越仔细,就越有可能拿到谈判的主动权。

现代商务谈判前的布局和破局

这里要讲到两方面的内容,一方面是己方的做局和布局,另一方面是事前研究如何破除对方的布局。

现代商务谈判看似是实力的较量,其实,谈判者可操控的空间极大。

因为现代商务谈判的变数很多,因此人为的可操控的因素也就很多。基于这样的前提,人为因素就会起到重要作用。

所以在现代商务谈判中,谈判的任何一方,均可以人为地做局,促进商务谈判的进程。

谈判既然有做局,就要有破局。

如何做局和破局,取决于谈判双方的角力,取决于事前的周密规划和安排。

但不管谈判的进展如何,在谈判的准备阶段,谈判者的布局能力和水平至关重要。你只有布好局,把局布得天衣无缝、环环相扣,才有可能防止对方破局,才有可能引导谈判的方向向着己方设定的目标发展,方可提高谈判的胜率。

现代商务谈判前的预测和演练

现代商务谈判前的预测和演练是谈判之前要做的。

现代商务谈判看似复杂多变,但如果理性分析,还是有章可循的。既然是有内在规律的谈判,那么就有预测的空间。

谈判前的预测和事先的演练，对于即将进行的谈判是非常重要的。

通过商务谈判前的预测和演练，使参与谈判的人员在演练的过程中,发现实际谈判中问题多发的阶段,也会发现谈判中可能出现的难点、拐点,这样一来,就可事先计划可能的补救措施。

谈判前的预测,主要用逻辑思维的能力,将还未开始的谈判,在头脑中过一遍,想象出哪些地方是要害,哪些地方可以搭桥,哪些地方可以通过,哪些地方需要借路而行。

而现代商务谈判之前的演练，就是要根据谈判者事先预测的思路,将可能的进程演示出来。让参与谈判的谈判者,能够直观地看到将要发生的真实的谈判的状况和情景,使之前的预测更为接近实际。

在实际的生活中,许多事情在想的阶段是单维的、线性的,而实际的演练,则是多维的、立体的,接近现实的呈现。这样一来,就使得未来将要进行的谈判更为直观,更为接近实际,谈判者也更能看出可能的问题,这样也就更加能够使谈判者心中有数、有的放矢,事先研判出问题所在,事先做好、做足准备。

现代商务谈判前的预测是必要的,谈判前的演练也是极为重要的,一切为了真刀实枪的谈判。

现代商务谈判准备工作做得越充分、越周全,就越有可能掌握未来谈判的主动权,就越有获胜的把握。

谈判人员的培训和筛选

在现代商务谈判之前,对谈判人员的培训和筛选,是做好谈判准备的最为关键的准备工作。每个人有自己的长处和短板,管理者的重要职责,就是要让物尽所用,人尽其才。

在谈判的准备工作中,最为重要的就是要选对人、选好人。选好人是指选好最适合谈判的人。

在现代商务谈判中,有诸多因素影响着谈判的进程和结果,但谈判的人则是最为重要的因素,选对人是最为重要的。

同样条件的谈判,由不同的谈判者上场,其结果会大大不同。

比如有的人善思，但不善表达，这样的人选就适合在幕后出谋划策，起码在谈判的开局阶段不宜上谈判桌。

而有的人则善于表达，这样的人才可用，但不可重用，其适合在谈判的开局上场，到了谈判的中场，则建议把他换下来，不然他不长于思考的弱点，会把谈判带入岔路。

不同内容的现代商务谈判，需要用不同类型的人，比如科技项目的谈判，就要尽可能避开文科出身的人才。不是说学文科的人哪里不好，而是他很难掌握谈判的主题、谈判的内容、谈判的要点，尤其是技术难点在哪儿。

另外不同的现代商务谈判环境，也要用不同的人才。要根据实际的要求，甄选不同的谈判人才上场。不同的出身、不同的种族有着不同的特点和特长，这一点在筛选谈判人才的过程中，也一定要考虑到。比如你要和犹太人谈判，最好不要派黑人兄弟去打头阵。同样的道理，在与南美洲的群体谈判时，也不要轻易派出一个华人去谈。

在现代商务谈判之前，选才很重要，培训人才则更重要。世界上没有十全十美的人才，只有适合的人才。通过培训，把现有的人才训练成适合即将开展谈判的人才，也是一个重要的工作。

现代商务谈判的准备工作很多，而准备好谈判人才，则是最为重要的。

规划和锁定谈判的主题、内容和基础

规划和锁定谈判的主题、内容和基础,是一项奠基性的工作,必须在谈判之前准备好。

现代商务谈判涉及的内容确实很多,但每一次谈判,都有一个明确的阶段性的目标。在谈判开始前,一定要事先厘清本次谈判的重点,明确主题,锁定范围,列出提纲。

在现代商务谈判中,最忌讳的是谈判者漫无天际、天马行空,这会把规范的商务谈判带到岔路上去。为了避免这种情况的发生,在谈判开始前,就要界定清楚本次谈判的重点、主题,奠定好谈判的基础。

明确谈判的主题、锁定谈判的内容范围,这是一个十分重要的前期基础工作,也是划定商务谈判的范畴、明确谈判方向的重要内容,只有明确了谈判的基础前提,才能使将要上场的谈判人员知道自己的位置在哪里,自己的目标在何处,自己和大家的协调点在什么地方。

现代商务谈判的动态性很强,浮动性也很强,只有在谈判前的准备阶段,明确这些,才能够使将要进行的谈判不会走样。

对一个建筑来说,打好地基是重中之重,谈判也是如此。明确主题,找到重点,划定范畴,界定方向,规范基础,是必须要在谈判之前提前做好的。

现代商务谈判前资料和信息的收集和分析

在谈判的准备和策划中,一个不容忽视的准备工作,就是对与谈判相关的资料和信息的收集和分析。

在现代社会中,无论是哪个行业,哪个领域,谁占有了信息和资料,谁就占领了先机,商务谈判更是如此。谁占有了准确的信息和充分的资料,谁就占有了谈判的先机,谁的胜算就会大大提高。提前充分掌握了信息和资料的一方,在谈判的过程中,胜利的天平就会向他倾斜。

在现代商务谈判的准备工作中,搜集相关的资料和信息,是谈判准备工作的重点,也是最起码的要求。商务谈判,关键的关键是知己知彼,不但如此,还要掌握与谈判相关的方方面面的资料和信息。这些资料和信息掌握得越多,分析得越透彻,就越能帮助你制定谈判策略,就越有主动权。

如何在茫茫的信息海洋中,打捞出自己所需的信息;如何在浩如烟海的资料中,分拣出有用的资料;又如何将这些有用的重要的信息和资料,有机地应用到自己的商务谈判中:这就需要一些方法和手段。

在科技极度发达,既要学习如何搜索有用、有效的信息和资料,又要学会如何屏蔽垃圾信息。谈判者在日常的工作中,要善于观察和思考、善于研究和探索,逐步形成一套适合于自己的方法,迅速、准确地搜索正确信息,准确地隔离垃圾资讯,建立起自己的知识结构和行事方法、做事方式以及检索信息的手段。

现在是信息化社会,在现代商务谈判中,资料和信息的掌握与分析,已经成了谈判开始之前必须做的准备工作,谁把资料和信息运用得好,运用得及时,谁就占了谈判的先机。

现代商务谈判的艺术

THE ART OF
NEGOTIATION

第 9 章

如何破解现代商务
谈判僵局

抬高对手地位,留出足够的面子——顺势而为,借路出走

现代商务谈判僵局是不可避免的。要树立正确的观念来面对出现的谈判僵局,直接面对,不回避、不退让,应用恰当的策略和方法,解决出现的问题。

在变幻莫测的现代商务谈判的过程中,无论你是多么好的谈判专家,因为谈判本身的特殊性,使得谈判陷入僵局的情况是不可避免的。

在现代商务谈判陷入僵局后,如何破解僵局,考验着每一个谈判者的智慧。

破除现代商务谈判僵局,首先要清楚地认识到产生僵局的主要原因在哪里。

比如有时候,现代商务谈判对手可能觉得自己没有被重视,在这时,就要想方设法,抬高对方的地位,给足对方面子,让对方感到他自己是被尊重的。为了达到这样的效果,甚至可以有意识地在谈判中布局,让对方保持足够的面子,在对方的虚荣心得到极大满足的时候,顺势而为,破解僵局。

破解现代商务谈判僵局,抬高对方的地位,给对方留有足够的

面子,该怎么做呢？在现代商务谈判中,可以假定每一位参与谈判的谈判者,都是专业人士,所以在给足对方面子的方法上,一定要有周密的布置和安排,使得对方自然而然地感到尊重和礼遇,切不可被人看穿,尤其是在对方面子文化很重的情况下,更是如此。

人们常在不经意间,津津乐道于一次次被尊重的经历,可以说,这种心理人皆有之。我就曾因为一个小小的疏忽,在一次重要的现代商务谈判中,被对方误以为冒犯他,而失去了一个很好的项目。

在现代商务谈判中,通过给足对方面子来破解僵局,其功能和作用是弱化对方的防备心理,顺势而为,从而破解僵局。

人都是感情动物,只不过每个人的表现形式不同罢了,在现代商务谈判上,掌握了这一点,就是掌握了一个利器。

许多现代商务谈判,不是败在智慧上,也不是败在实力上,更不是败在能力上,很多人是输在"不好意思"上,输在面子上。

抓住了这一点,在处理现代商务谈判僵局时,就掌握了一种武器。抓住这点,就可以顺势而为,制造机会,让对方的虚荣心得到充分满足,在对方自我陶醉的空当,及时跟上,把对方先拉回谈判桌,重启现代商务谈判的新局。

这样,你不但破解了谈判僵局,而且在下面的谈判中,你就有60%以上的胜算。因为人是有惯性的,你既然能用"面子"这一招把对方拉回来,你就有办法用新形式的"给面子"手段,把对方击倒、吃掉,因为在他被"面子"俘虏的同时,已经暴露了他的弱点。

遇强示弱,避开对方的锋芒——忽略对方的威胁,开辟新的渠道

现代商务谈判僵局的形成,有时因为谈判对手要求太多,有时是因为对方的要求根本就是非理性的,有时是因为对方的要求根本就是一个错误。

这些因素造成了现代商务谈判僵局,但找到破解的办法才是我们关注的焦点。

如果对方是一个强悍的进攻者,那么保守的办法就是忽视对方的威胁,最好回避对方提出的问题,尤其是那些所谓的必须立刻回答的问题,以及所谓的最后通牒。

当对方发出威胁或最后通牒而使现代商务谈判陷入僵局的时候,这并不是最糟糕的时刻。作为接受挑战者,应该清楚地意识到,对方的这种手段,其实反映出其后力不足的可能,很可能这就是逆转谈判的时机,也是翻盘的契机。

在这种情况下,要忽略对方的威胁,理智而自然地借力打力。

为什么会有这样的推断呢？一是当对方发出威胁时，暴露了其可能已是黔驴技穷；二是当对方发出最后通牒的时候，暴露了他们可能正在走投无路的关头。

此时的谈判僵局，乍一看貌似很严重，好像无路可走，但实际上很可能就是柳暗花明又一村的机会。

聪明的现代商务谈判者，会利用好这个时机。首先，你自己要明白对方的表现反映出来的真实情况，在这时更要冷静和理智，因为他可能已是穷途末路。其次，此时此刻，你不可以配合演出，而是要反其道而行之。你要提出一个新的观念，理出一个新的思路，让自己脱离困境的同时，也破解谈判的僵局。

如果现代商务谈判者不够成熟，那么你就只能跟着对方的要求、对方的引导，接受他的威胁，一起和对方走向失败。

当然，在这种情况发生的时候，还有一个较为被动的方法，就是直接拒绝他的最后通牒，把自己和他捆在一起，一起铤而走险。

这样的选择是愚蠢的、不可救药的谈判方法。

作为现代商务谈判的主导者，要清醒地认识到危机中蕴含的新的生机。这就看你的选择了，如果能看清方向，理出一个新思路，就能和对手一起解决僵局。

如果看不清楚僵局的真相，一味地使情况恶化，只能把现代商务谈判搞砸。

聪明的谈判者,会在这个时候适当地示弱。示弱并不代表真的就弱,反而是内心强大的表现。而发出最后通牒者,也不一定就是真的强。这绝不是真正的强者表现,反而是内心极度虚弱的表现。明白了这一点,你就会自然而然地放软身段,给对方一个台阶,也给自己一条出路,通过新的途径,和对方一起,用大家都能接受的新的方式,共同走出僵局。这样一来,既解救了你自己,也解救了对方。

山重水复疑无路,柳暗花明又一村。僵局成了转机,现代商务谈判转危为安,实现双赢,何乐而不为?

重新设定框架,布置一个新的泄洪道——重新设定现代商务谈判的基础,从根本上打破僵局

在现代商务谈判中,一般都要事先设定谈判的框架,在现代商务谈判的过程中掌握谈判的进程,同时,在谈判的推进中,控制可能出现的情感因素,比如同情、激动、反感、愤怒。

一旦在原有的谈判框架中出现僵局的时候,在实在不好推动的情况下,更好的办法就是重新给对方、给这次谈判设定一个新框架,重新布局一个新的范围,引导对方按照自己重新布局的范围进

行谈判。

　　重新设定谈判的基础、打破僵局的框架要点,就是要给对方一个,甚至几个选项,布置一个新的泄洪道,让对方在新的架构上有变化和转换的机会。

　　在我们最近一次与建筑商的谈判中,因为对材料价格意见不同,建筑商提出的条件是不让步的,在材料价格上没有回缓的余地,我们的谈判几乎陷入僵局。我们彼此再在材料价格上互不相让,很快就要进入严冬,如果工程延期,严冬到来之前不能完工,损失将会巨大。

　　如果按照正常的现代商务谈判程序推进,则很难达成协议。所以我们及时提出了一些捆绑性的选择,把本来计划中的项目进行有效的调整,将本来委托给不同建筑商的其他几个商务建筑项目,也移到了现在的谈判中。这样一来,对我们来说,同样是这几个工程,是否用不同的建筑商,并不十分重要。但对于眼前的这个建筑商,从他的利益考虑,就大不一样了。他可以得到更多订单,可以承接到更多项目,也就有了更多的利润空间。这样一来,因为我们提供了更多的资源,使得这次谈判从最初的谈一个项目延展到多个项目,这也使对方有了更多的利润空间,所以他们很快抓住了我们伸出的橄榄枝,在目前的这个工程项目中,也就做了相应的让步，按照我们的要求签下了协议。

就这样，在谈判进入僵局的状况下，我们改变了原有的谈判架构，使得我们的项目落实了进度、保证了质量，也保证了项目的完成，达成共赢的结果。

挑战现代商务谈判策略——展开更多主题

在僵局未解的情况下，不妨挑战常规的现代商务谈判策略，尝试反其道而行之，不要盯在一个谈判主题上，给对方提出更多选择，在新的范畴内，展开针对新的主题的现代商务谈判。虽然提出新的主题，但现代商务谈判的终极目标并没有改变，只是在僵局中，岔出一条新路，走向同一个目的地。

展开新的主题，一般是在原有的主题架构看起来确实不能再推下去了，这时就不宜再紧紧地围绕着这一主题继续谈下去，而应该及时用新的谈判项目引导对方，一起走出已经陷于泥潭的谈判，用新的谈判主题，将谈判继续下去。

在现代商务谈判中，遇到难解的僵局，可以采取非常规的思维方式，看似铤而走险，实则是为常人所不为的方法，反而会收到奇效。

挑战常规的现代商务谈判策略,看起来是一着险棋,但如果后续的方法、措施跟进得及时、到位,会很容易破解谈判僵局。

这样做必须注意几个问题。首先,当你知道现有的谈判路径已被堵死,再谈也是徒劳的时候,索性就模糊谈判主题,同时提出一个或者几个新主题,这些新主题实际上不过是原有主题的不同的表现形式而已。这些新的主题可以与原有的主题看似有一定的差距,形式也有不同,但实际上只是绕道而行,虽然走了远路,但不迷失方向,虽然多费了力量,但能达到目的。

原有的主题被否定,被逼上了绝路,你采取的不是绝处逢生之法,而是借尸还魂之计。让对方感觉不到你还在原来的主题上打攻坚战,看似无可奈何,实则迂回包抄,最终的目的还是占领山头,取得既破解现代商务谈判僵局,又达到最初谈判目的之效果。

扩展和延伸,衍生出新的交换介质

在现代商务谈判僵局形成后,要将谈判的内容进行扩展和延伸,使之从现有的谈判中,衍生出新的交换介质,进而延续谈判,从新的角度找到平衡点、达成协议,达到谈判的目的。

有时候单从表面上来看,有些现代商务谈判看起来好像是漫无边际,但万变不离其宗,现代商务谈判就是商务利益的交锋。

如果认真地将现代商务谈判分析、整理,就是再复杂多变的谈判,也能找到规律,甚至可以做出非常准确的数学模型。

比如,许多现代商务谈判僵局,由于交换介质的选择而产生了矛盾,有人希望以货币为介质,有人希望以物质为介质,也有人希望以黄金等贵重金属为介质等等。

如果是资金介质而造成的僵局,那么就要扩展和延伸,衍生出新的交换介质。许多时候不要保守地停在钱和有价证券本身上,不要用单一的介质来进行现代商务谈判和交换,而要提出并提供更多的交换资源,使得现代商务谈判有更多的选择来打破僵局。

提高对方的价值,给对方多个出口

在现代商务谈判陷入僵局时,提供更多的出口,想方设法提高对方的价值,使得对方能够在自身条件允许的情况下,用不同的方式,来和己方进行交换和置换。让对方有喘一口气的机会,用对方感到自己在用力所能及的方式来回馈你提供的方便。给对方多个出口,与人方便,就是与己方便。

在现代商务谈判的互动中,用自己所能发现的对方的价值,给予对方合理的的肯定,提高了对方的价值,也给自己提供了更为广阔的谈判空间。

另外,在现代商务谈判中,使用哪种杠杆很重要,找到合理和恰当的支点也很重要。利用好杠杆的原理,增加自己动力臂的同时,撬动更多的资源,在提高自身的同时,也提高谈判对方的价值,在提升后的平台上,达到互利互惠的结果。

在僵局的开始和僵持不下的不同阶段,采用的手法和策略也是不同的。僵局的开始阶段,要尽可能地阐明谈判的标的和目标,尽最大的努力把面临僵局的谈判拉回轨道。在谈判僵持不下的阶段,要尽可能地提供更多的资源,及时而又自然地把谈判引入更高的境界,引入不同的资源,加入更多的可谈议题,及时而又有技巧地展开新话题,进而在多个出口中,达成与原本主题最为接近的谈判结果。

打破僵局要先打开大门

破解现代商务谈判僵局的措施要因人、因事、因环境而采用不同的措施和策略。现代商务谈判之所以出现僵局,不外乎参与现代商务谈判的双方或多方,在某些方面产生了冲突和误会,甚至陷入纷争。无论是哪种情况造成的僵局,其表现形式就是谈不下去了,破局的人首先要考虑的问题,不单单是如何迅速地解决问题,而是要及时找到谈下去的方法。只有谈下去,才有希望,才有可能真正地破解谈判僵局。

所以破解僵局的关键是在僵局形成的最初阶段要谈下去。能谈就有希望,在这个节点上,耐心是最重要的。

破解僵局者,最要紧的是把谈判的大门打开。

打开谈判大门的钥匙就在你手中。世界上没有无缘无故的爱,更没有无缘无故的恨,破局者要清醒地认识到僵局造成的前因后果,对症下药。

在这个时候,要放下身段,绕道而行。忘记自己的头衔,忘记自己的身份,把自己当成一个战士。是战士,就有明确的目标,拿下山头,攻破缺口,你可以去舍身炸碉堡,也可以奋不顾身地去堵枪眼……不管如何,一切为了打破僵局,打开缺口。只有进入了这个境界,方法才会有,措施也会有。

努力找到双方价值的定位,找到双方妥协的中间点

许多现代商务谈判僵局,可能是因谈判的双方交流方式不当

而造成的。现代商务谈判的双方或者一方把交流当成交火,在这种情况下,就要努力寻找能使双方和谐解决问题的办法,努力找到双方价值的定位,找到双方妥协的中间点。

在现代商务谈判中找到或创造出新的价值点,使得多方接受,这是破解现代商务谈判僵局的重要途径和措施。

在破解僵局的过程中,聪明的现代商务谈判者,最为重要的是找到参与商务谈判的各方所能妥协的中间点, 有清晰的对谈判者的了解和认识。有了这些对各方的认识,再找到解决问题的方法,就不是太难了。

找到谈判各方的利益平衡点, 发现现代商务谈判各方都能接受的中间点,在这样的前提下,僵局的破解就会相对简单和容易了。

相反,把对手当成敌人,在现代商务谈判中是一个大忌。怀着这种心理,现代商务谈判的大门就会越关越紧,谈判面临的困境加大,和解的大门甚至就有可能被关闭。

把对手当成潜在的合作者, 那么呈现出的机会和选择就会有很多,就会出现更多的契机和可能,会大大有利于所进行的商务谈判。这样一来,就能挽救现代商务谈判的僵局,使陷入僵局的谈判成为活棋,使谈判进一步地深入进行下去,达到谈判者所追求的目标。

单刀直入,讲清利害

在现代商务谈判僵持不下的情况下,清楚地告知对方所面对的困难,以及谈判僵局会造成的不良后果,让对方知道拒绝的后果,点明重点。

实际上,现代商务谈判的僵局是现代商务谈判中的常态。无非就是谈判的双方或者几方找不到妥协点,使得正常的谈判无法进行下去。针对这种情况,可以参考教授们的思维模式,把简单的问题复杂化,掰开了、揉碎了、一点一点地细讲。也可以像企业家的思维那样,把复杂的问题简单化,面对各方的困惑和迷茫,不妨单刀直入,讲明利害,讲清各方所面对的问题,让各方谈判者明确地知道僵局对各方的严重影响,使参与谈判的各方面对困局,进行不同程度的反思和调整,进而达到各退一步,找到妥协点的目的。

这种单刀直入的方法,也是破解僵局的一个行之有效的方法。因为使现代商务谈判陷入僵局的原因之一,不外乎参与现代商务谈判的各方都有自己的小算盘,用尽心思地在计较着自己的得失。

人一旦陷入这种怪圈的时候,往往会看小不看大,只看局部而忽略全局,争小利而忘大利。这种思维的怪圈一旦形成,就会一步步退到无效的争执中去。

我们知道,现代商务谈判是共享、共赢的游戏,只顾单方面利益是很难达成协议的。而无效的争执和拖延,甚至于形成谈判僵局,实际上对参与谈判的各方都是不利的。在这个关键的时刻,直接阐明现代商务谈判失败对各方利益的伤害,会起到警示的作用。明确说明利害关系,会使参与谈判的各方重新评估自己的期望和所求,意识到谈判破裂对各自的伤害,利益会驱使各方找到自己的定位,进而重新回到谈判桌上来,将现代商务谈判的僵局打破。

不把对方当对手,表现足够的诚意

在现代商务谈判中,特别要强调的一点是,现代商务谈判的对手是未来的合作者,而不是敌人。现代商务谈判的对手是合作者,这是现代商务谈判的要义。

参与现代商务谈判的各方不是对立的,他们是合作者、分享者、共赢者。

在现代商务谈判僵局中,努力使自己发现对方的价值,把对手转变成朋友和合伙人。如果现代商务谈判对方一直把自己看作敌人，那么谈判的僵局会越演越烈，相互攻击、相互设防，以至于互不信任，甚至互相攻讦。这样一来，会使谈判的僵局不断升级，对方互不让步。

在这样的情况下，必须改变谈判的方式方法，调整谈判的思路，重新定位各方的着重点，把参与谈判的各方看作朋友，看作潜在的合作者，看作未来的合伙人。这样的思路的转变，同时也会带来谈判者态度的转变，相应的，谈判的态势也会相应转变。当然，谈判僵局也会相应化解。

扩大现代商务谈判范围，开发新的契机

现代商务谈判的要领之一，就是假设你面对的一切商业机会都可能成为现实：当现代商务谈判进入僵局时，如果在一件事情上谈不妥，那就扩大你的谈判范围，这样就为参与谈判的各方，提供了更多的选择，在扩大后的范围内，参与谈判的各方重新定位，找到新的妥协点。

在现代商务谈判中，有了共同点，就有了可谈判的基础；有了这样共同的基础，谈判者就可以迅速地开发新的渠道，甚至开发出

新的谈判框架,在新的渠道和新的框架中,找到共同的妥协点,进而使现代商务谈判僵局有新的转机。

在现代商务谈判中,目的是明确的,但置换和分享的方式和形式是多种多样的,重内容而不拘于形式,这是破解僵局的重要思维方式。

当现代商务谈判形成僵局时,就要用稀释法和扩大法,将原有的谈判,衍生出新的话题和内容,进而扭转颓势。提出多种形式的新内容,给对方造成谈判涉及新的内容的印象,使陷入僵局的现代商务谈判,不再紧紧围绕着原有的内容,进而达到初步缓解僵局的机会。

有意识地扩大现代商务谈判的范围,进而缓解僵局,在新的内容中与对方寻找新的平衡点,达到破除现代商务谈判僵局的目的。

解除对方的敌意,转移对方的注意力——展现足够的善意,营造和谐的气氛

在现代商务谈判僵局中,要找到合适的方法,对症下药,想方设法解除对方的敌意,努力转移对方的注意力,化解对方的心结,化敌为友。

展现充分的善意,解除对方的敌情意识,也是一种解除危机的方法。

现代商务谈判是没有硝烟的战争,出现僵局是必然的,作为一个好的现代商务谈判手,对此一定要有清晰的认知。

既然是没有硝烟的战争,想没有"伤亡",没有"僵持",没有"拉锯战",是不可能的。出现僵局是必然的,不出现僵局的现代商务谈判,只能说是太简单、太容易了。这样的现代商务谈判,是幸运的。问题是,一个好的战士不能回避战场上的问题,而要面对挑战和困境。

久经历练的现代商务谈判者都知道,谈判中出现的问题变幻莫测、形式多样。一百个现代商务谈判,会有一百种结果。知易行难,学习现代商务谈判最好的方法,就是在实践中学习,在实践中提高。解决现代商务谈判的僵局,就要勇敢地面对现代商务谈判的僵局,明知山有虎,偏向虎山行,在与虎搏斗的过程中,找到制服猛虎的方法。在与猛虎搏斗时,有时需要比虎还勇猛,方法方式可以多种多样,目的只有一个,就是解决问题。

展现善意是化敌为友的前提条件。

黎明前的黑暗有时是最能遮住视野的,现代商务谈判中出现的僵局往往是谈判就要胜利的前奏。

解除对方的敌意,转移对方的注意,化解对方的心结,化敌为友,是破解现代商务谈判僵局的重要手段。

如果现代商务谈判的对方一直把自己视为敌人,那么谈判的僵局会越演越烈。这个时候,不妨退一步,用充分的善意消除对方的敌意,消除彼此的不信任感,营造出一个和谐的氛围,为解决问题做好铺垫。

人们的思维是可以改变的,思维决定着方法,方法改变着结果。破解现代商务谈判僵局的方法有多种,其中,化敌为友、建立信任是一个重要的思考方向,只要厘清了各自的利害关系,找到共赢的通道,任何谈判僵局的破解,都将不是什么困难的事情。

换位思考,调整思维——引导彼此站在对方的角度去思考

在现代商务谈判僵局形成的初期,可以努力地引导对方站在自己的角度去考虑问题,给对方空间让对方站在另一个角度思考,把对方由对抗的一面拉到合作的一侧,用相同的立场来解读大家所面对的问题。

现代商务谈判僵局的形成,许多时候是因为参与谈判的各方

固执地坚持自己的意见,各执一词,互不相让。在这个时候,双方不妨都转换一下思考的角度,彼此站在对方的角度去思考一下。先把对方对抗的思维弱化,再试着用共同认可的立场来对待、思考、处理谈判各方所面对的问题。

随着参与现代商务谈判者的思维的改变和调整,就会出现新的契机,就有打破谈判僵局的办法。

在现代商务谈判中,参与谈判的各方要抱有不断虚心学习的心态,把每一次谈判的过程,都当作提高自己的机会和平台,那么谈判出现僵局的概率就会大大降低。也是同样的道理,用这种心态去面对现代商务谈判的僵局,胜算的概率也就大大增加。

定方向而不要纠结于小节

随着现代科技手段的不断发展,现代商务谈判就不可避免地受科技的影响。在科技项目的谈判中,要先确定方向,而不要纠结于小节。尤其是当谈判陷入僵局的时候,更要有大无畏的取舍精神,保住西瓜,丢掉芝麻,在大方向上取得共识,而不要在细节上过多地纠缠。

在破解僵局的实践中,我的好朋友奥斯卡有着切身的体会。那是在 2007 年，美国经济危机发生的冬天，临近年底的 12 月份，大家都在为自己的年底业绩而比拼的关键的时日。奥斯卡的一个专利技术转让的商务谈判出现了问题，因为利益分配没有达到彼此的要求，对方把商务谈判的大门关闭了。奥斯卡急匆匆地赶到我的办公室，细细地述说着遇到的谈判困境。

奥斯卡是一个公认的商业老手，受过规范而严谨的训练，经营 IT 公司多年，随着 IT 业的兴起，他的业务做得有声有色，但人无千日好，花无百日红，IT 行业也在迅速地变化，奥斯卡的业务方向也要随着科技的发展而不断地调整方向。

奥斯卡是经营上的一把好手，但在科技转型中，在对新科技发展前景的判断上，由于知识结构等原因，并不是特别的敏感和准确。

他决定引进一个新的科技项目进行开发，对方提出要 400 万美元的专利转让费。奥斯卡发挥了他的长项，在专利转让谈判中，东砍西杀，愣是要把转让费砍到 330 万。

但是，专利拥有者并不让步，现代商务谈判搁浅了。

奥斯卡带着砍价后的谈判方案，急匆匆地来找我，要我帮忙审核一下。同时，他也把所有的项目资料带来了，让我评估一下。现在谈判卡住了，不能向前推进了，如何破解现在的商务谈判僵局，这个问题摆在了我们面前。

出让方不想再谈下去了，而奥斯卡的公司很需要这项专利技术，奥斯卡志在必得。

他来找我，目的有两个，一是要我对这个项目进行综合评估，二是商量出一个如何把这项技术转让的谈判继续下去的计策。

出于对老朋友、老搭档的负责和信任，我认真地审核了奥斯卡带来的所有资料和谈判记录，发现了一个被奥斯卡忽略的问题。

奥斯卡期待着我的审核意见，他看到我的眉头越皱越紧，忐忑地嘀咕，莫非哪里出了问题？

确实，就项目本身的现代商务谈判而言，奥斯卡无可挑剔，但问题出在了谈判最初的定位和定价上。

看着奥斯卡询问的眼神，我只好如实地告诉他："这次商务谈判的过程，从谈判技巧的角度去看，无可否认是一个好的谈判案例，但问题出在你所遵循的商务谈判前提的定位和定价上。"

奥斯卡听后有点困惑地问："此话怎讲？"

"好，你来看。"我指着奥斯卡带来的资料，"问题出在这里。"

奥斯卡对科技项目的判定，从一开始就陷入了误区。他只是专注于专利产品的细节，这个专利项目，从常规的技术角度上讲，是一项新技术，但是这项技术在应用上，却滞后了一个周期。因为这项技术与苹果公司已经推出的产品有着极高的同质性，这样就犯了科技产品开发的一个大忌，那就是奥斯卡的公司采购这项技术后，其产品进入市场的第一天，就会在市场上遇到一个强劲的对手。客观上，奥斯卡的新产品所具有的市场空间，将受到极大的挤压，市场空间已经很小，市场潜力将受到极大的制约。

那么奥斯卡花钱买来的专利，很可能在产品推出的初期，就会死在沙滩上。作为专利技术的拥有者，并没有考虑到这一点，他们只是强调了自己专利技术的先进性；但作为购买专利技术的奥斯卡，买技术的目的就是要进入市场，产生效益。所以对于奥斯卡来说，对这项专利技术的评断，首先要考虑的是市场的效益和潜力。

听了我对这项专利技术的评估，奥斯卡明白了自己的谈判方向，现在不是价格本身的单一问题，而是相关的市场的开发问题。

奥斯卡明白了自己下一步的重点和方向，在重新评估之后，知道了如何解决所面临的谈判僵局，也清楚了接下来谈判的关注点，搞清了与对方谈判的主方向。

一是要么专利技术的拥有者提供更为独特的技术水准；二是这项专利技术的转让，因为进入市场的节点不对，必须大大将转让费用压低，不然，如果再把谈判拖延下去，此项技术将会变得毫无价值。

奥斯卡重启与对方的谈判,掌握住方向,对专利技术拥有者所没有认清的要点进行了重点解读和说明,讲清了这里边的利害关系,得到了专利技术拥有者的认可和配合,结果以非常合理的、大大低于最初要价的转让费,拿到了这项专利技术。同时,他们及时地进行了技术改进,发挥了奥斯卡开发市场的专长,得到了很好的回报。

从这个案例中可以清楚地看到,方向、重点、要点的把握,在商务谈判中所起的作用。要善于找到并抓住重点,忽略次要的、非关键的枝节,定好方向而不要纠结于小节,使得商务谈判的僵局得以化解。

化整为零,各个击破

除去用现代商务谈判者经常用的技巧和策略破局之外,还有一个不为人们所重视,但却很重要的方法,就是把现代商务谈判的整个过程,化整为零、各个击破。

在现代商务谈判中采取化整为零、各个击破的策略,将对方的谈判团队,想方设法分化成一个个单体,再根据其个人特点,想办法各个击破。

在许多谈判的场合,要善于观察对方谈判人员的组成,努力找到对方商务谈判团队的关键人、决策人,想办法制造机会,把他拉出他的团队,制造条件,重点对单体进行"围、追、堵、截",击破其个人的心理防线,在私下达成协议,然后再回到谈判桌上。这样做会收到意想不到的效果,原本的谈判僵局就会很顺利地化解。

第三者插足,不直接面对

当现代商务谈判僵局形成,谁也不想退步、谁都不肯低头、彼此互不相让的时候,可以采取第三者插足的方式,来化解危机。

当现代商务谈判的双方已互为"仇敌"、僵持不下的时候,没有比出现第三者插足,更有效果的了。

在彼此不再沟通、不能再向前走的僵局下,由某个第三方出现,缓解彼此剑拔弩张的气氛,减缓谈判双方的"敌对态势",由第三方出面来缓缓地解开扣紧的心结。

这个中立的第三方的出现,既不影响僵局双方的"面子",又可以站在道德的制高点上,畅所欲言地对僵持的双方进行劝解,讲清利益关系,说明轻重缓急,让"急火攻心""滴水不进"的谈判双方,暂时放松下来。

这种由第三者插足的方式，很容易促成现代商务谈判僵局的化解。因为角度不同，会使得原本"置对方于死地"的敌对思维，转换成"啊，原来你也有这些可爱之处"的积极思维，而这个转换的关键，就是第三者插足。作为化解僵局的第三者，我们不妨把他界定为"中介人"，或者称为"仲裁者"。

这个第三者，在化解僵局的过程中，要保持中立、客观、高瞻远瞩，了解现代商务谈判双方的利益所在，知晓谈判双方的业务内容，对谈判有着深刻的理解，还要有足够的专业知识和博大的胸怀。

由第三者变成润滑剂、黏合剂，促成现代商务谈判僵局的化解，是一个很切实可行的办法。

迂回战术，避开锋芒

破解僵局有时要采用迂回战术。正面谈判遇到困难，这时就不能再强行进攻，而应采取迂回的战术。

迂回的方法有许多种。比如，你可以改变付款方式，使对方感到你的诚意；也可以改变一下现代商务谈判的环境，使对方重新放松下来；还可以搁置主要的争议，从对方认为的不重要的小问题上谈起,先把一个一个的小问题逐步解决,逐步重新建立信任,再慢慢回头接近主要的问题。通过小问题的逐步解决,重新建立互信,在此基础上重启谈判。

为了表现己方的诚意,还可以通过改变谈判的地点、时间,也可以调换自己的谈判代表,来向对方展现己方的灵活性,以换取现代商务谈判的继续进行。

另外,还要调整现代商务谈判的语言风格,不要用咄咄逼人的方式,也不要用让对方必须回答的方式,而以看似征询的语气,实则是诱导的语言把对方吸引回来。

在破解现代商务谈判僵局的过程中,迂回是为了避开锋芒。巧妙地绕过双方遭遇的困难焦点,暂时模糊主题,弱化困局,挑起新的话题,重新布局谈判的格局和范围,在看似新的形势下,重启对话和谈判的进程,进而达到破解僵局、达到预期目标的效果。

制造新的僵局来破解僵局——制衡法

破解僵局还可以人为地制造新的僵局,这是一种制衡法。

制造另一个僵局来制衡已有的僵局,把对手拉回现代商务谈判桌。

人为地制造出另一个看似简单，也好像不复杂的新的僵局，这个新的僵局会以与原有的僵局相关联的形式出现。这个新的僵局会和双方共同利益相关，用这个新的僵局来分散对方的注意力和关注点，让对方感受到新的僵局对原有僵局的制衡作用。只有打开共同面对的僵局，才有可能解决新出现的僵局，这种方法就是制衡法。

尤其是在不对等的现代商务谈判中，这种方法极为有效。比如，你所面对的谈判方比你强，比你资源多，比你话语权重，而僵局就是对方罔顾你的存在，忽视你本应该得到的利益，这个时候，就应该制造出一个僵局，甚至是对方看起来无法解决的僵局。

而这个新的僵局又和原有的僵局是相关的。这个新制造的僵局，使得对方不能忽视你的作用和存在，能够放大你的作用，使得对方重新审视你，重新调整对你的态度，重新客观地看待双方的价值和能力，进而在新的基础上，客观而理智地、平等而耐心地对待谈判中出现的问题。

用这种制衡法，用僵局破僵局，进而得到双方的妥协，破解僵局，达成协议。

合纵连横，化解僵局

许多人对现代商务谈判僵局表现得很恐惧，唯恐出现僵局。所以在现代商务谈判中表现得过于拘谨和小心，放不开手脚。殊不知，越是如此，谈判就越难有进展。

现代商务谈判的老手都知道，其实僵局的出现，往往是谈判进程中一个非常常见的现象，甚至可以说是谈判进程中不可避免的一个重要阶段，也往往是现代商务谈判接近成功之前的节点。可以说，许多僵局的出现，恰恰是黎明前的"黑暗"，是谈判到了攻坚阶段的表现。

在这个时候，就看现代商务谈判者如何发挥，这是检测现代商务谈判者业务水平的重要时刻。好的谈判者，会巧妙而机智地破解僵局，赢得现代商务谈判。心理素质不过关的谈判者，可能会回避，甚至逃避，那么就会失去进攻的机会，也会失去取得谈判胜利的契机。

成功者有成千上万种方法，失败者有成千上万个逃避的借口，现代商务谈判僵局的处理，直接反映着谈判者的业务水平和能力。越过这个山头，就会是一马平川，就能收获现代商务谈判的果实。

多方参与的现代商务谈判，在给谈判者增加了谈判难度的同时，也给优秀的谈判者提供了更多的发挥空间。由于各方的观点不同，兴趣不同，胃口不一样，很难统一协调，谈判的僵局容易出现；也正因为如此，谈判的僵局也更容易破解。

战国时期，群雄逐鹿，这段历史给后人留下了不少的启迪。其中的合纵连横之策在现代商务谈判中，尤其是对由多方参与的现代商务谈判，会有新的借鉴意义和启发。只要把这一原理融入现代的内容、手段，并把各种因素运用到极致，联合弱者，击败强者，再强强联合，进而破解僵局。要及时结盟、随机调整，再难的多方参与的现代商务谈判的僵局，破解起来也不会太难。

寻找平衡点，化干戈为玉帛

现代商务谈判是一个动态的过程，其僵局只不过是这个动态过程中的一个特殊阶段。认清这一点，对谈判者解决谈判僵局的自信心提高有着重要的作用，对谈判者提高解决问题的能力和决心，也有着极为重要的作用。

实际上，谈判僵局就是因为某些因素的影响和作用，使得正常的商务谈判产生了不平衡。要解决这个不平衡状态，就是要想方设法找到商务谈判的那个动态平衡点。

现代商务谈判是智者的游戏,是心智的较量,它之所以能够引无数英雄竞折腰,其重要的原因就是现代商务谈判中随机动态快速的变化,激起了人们的激情和活力。

也正因为现代商务谈判的动态性、不确定性、对未知事物的掌控的魅力等特色,才使得现代商务谈判更有挑战性。如何在这样一个从开局到结局都变化莫测的动态中,驾驭它的平衡,也就成了参与谈判各方追逐的目标。

在现代商务谈判的进程中,参与谈判的各方依据自身的条件,在谈判的舞台上,进行着激情的演出。在这里,每时每刻都因为参与者出手的方式和方法,而不断改变着角色、位置、强弱。谁能掌控这个变化,谁就能掌握现代商务谈判的主动权。正因为如此,现代商务谈判吸引了无数的"仁人志士""前仆后继"。

现代商务谈判的结果是可以掌控和预测的,但在现代商务谈判中,笑到最后的那一个,才笑得最好。

由于现代商务谈判进程的起伏跌宕、高潮迭起,才会吸引无数商务精英。而最终走下现代商务谈判桌,拿到协议和订单的,才是这场谈判游戏的赢者,而这个赢者就是那位找到了谈判平衡点的智者。

要找到现代商务谈判的平衡点,谈判者所具备的洞察力、感知力、掌控力、随机应变的协调力是必备的前提。谁具备了这些前提条件,谁就有可能成为现代商务谈判的赢者。

现代商务谈判的艺术
THE ART OF
NEGOTIATION

第 10 章

现代商务谈判的力量

现代商务谈判是实力和智力的较量

现代商务谈判的作用和效果，往往可以超过人们的预期和想象。每一场现代商务谈判都是实力和智力的较量，通过这样的较量，达成共识，达成合作。所以我们说，现代商务谈判也是促成合作的温床，是促进实力增长的孵化器。

在现代商务谈判中，用最为显而易见的方式，将谈判方连接在一起，通过大家最能接受的方式，交换彼此的资源，不但得到自己所要的，也给对方提供他所需的。现代商务谈判的过程，就是找这些交易平衡点的过程，用你所拥有的，置换到你最需要的东西。

现代商务谈判的最高境界是双赢。最好的现代商务谈判是共同增长。通过谈判而得到你需要的和你所欠缺的，这就是一个好的现代商务谈判。

随着人们生活变得丰富多彩，现代商务谈判的形式、途径及方式也呈现出多种风格和特点。这不是说不是现代商务谈判的基础变得复杂了，而是人们的要求变得多样化了，也就相应地要求参与谈判者的智力和策略有所提升。

也正是现实生活的实际需要，人们为了有效地进行交易和置换才搭建了商务谈判这样一个平台，通过商务谈判来满足人们的所求所需。现代商务谈判在某种程度上起着思想"货币"的重要作用，它比货币更高档，更人性化，更容易交易。

对于现代商务谈判，"货币"的表现是智慧，是语言，是软科学。也正是这些人类智慧的高级形成，促成了商务谈判协议的达成。

现代商务谈判可以以小搏大，也可以以大搏小——现代商务谈判促成强弱联合、强强联合

在现代商务谈判这个角力场上，没有绝对的大，也没有绝对的小。大和小是相对的，是变化的，是动态的。最初的大，可能变成结果的小，最初的小，也可以转化成最后的大。现代商务谈判可以以小搏大，也可以以大搏小。

好的现代商务谈判可以促成强弱联合、强强联合，可以促成新的力量诞生、增长。

现代商务谈判的一个特别的地方，也是现代商务谈判的特殊功能，就是在谈判中能够实现以小搏大，以弱击强。当然这里的大和小、强和弱，是相对的，是变化的。

其实，在现代商务谈判者之中，实力绝对平等是不可能的。但

不管双方实力大还是小，起码在要谈判的某个点上，彼此有着结合的要求及需要。正因为如此，彼此才走上了谈判桌，也正因为如此，才使许许多多的小公司、小实体有了机会，与大公司、大实体，甚至巨无霸，有了合作的机会。同时，这许许多多的小公司、小实体，也有了与大公司、大实体切磋、学习、借鉴的机会和契机。

这样一来，现代商务谈判的平台就提供给小公司、小实体以小搏大的机会，甚至可以取得借助大公司、大实体的资源、杠杆和条件搭顺风车的机遇。进而可以借力发力，把对方的优势进行合理、巧妙的嫁接，使自己能够借着东风更快地发展，大大地提高自己的效能，也大大缩短自己与强者的差距。

现代商务谈判的作用是多方面的，其产生的效果也是多方面的。在商务谈判中，可以以小搏大，还可能出现以大压小等多种情况。因为在现代商务谈判中，有许许多多除实力因素之外的东西，这些平时看不见、摸不到的智慧、语言、策略，在谈判桌上，可以大行其道，甚至可以成为谈判者用来交换和置换资源的有价"证券"。正因为有了这些因素，使得商务谈判的平衡，增加了许多变数。

因为现代商务谈判的不确定性，大和小、强和弱、高和低在不时地转换，不断地变化，现代商务谈判本身可以让大变小，也可以把小变大，把强变弱，把弱变强。

　　所以,现代商务谈判的作用是多方面的,它不但可以把谈判双方所要求、所期盼的平衡点找到,而且,谈判的结果也可以转化为谈判双方的位置和态势。

　　现代商务谈判看起来有些神秘,其实它在人们生活、工作的每一天每个角落中天天时时发生和进行着。

　　现代社会的发展,也使得现代商务谈判慢慢地由专业人士的领域普及到"寻常百姓家"。掌握现代商务谈判的常识,可以有助于日常的交流和交易;善用自己的大脑,人人都可以成为现代商务谈判桌上的谈判者,为自己、为家人、为朋友、为团体、为企业、为国家争取应得的权益和利益,创造和增加本身的价值。

　　只要认真思考,掌握语言表达技巧,每个人都可以成为自己的代言人,成为现代商务谈判手。

现代商务谈判中的交易和置换、延伸和增长

　　现代商务谈判是通过沟通和协调,说服和联合对方,达到交易和置换的目的。表面上看来,现代商务谈判是为了达到交易和置换的目的,实际上,交易和置换之后,真正的目的是使彼此都能够在自己原有的基础上,达到增长和延伸。

之所以有现代商务谈判，就是因为现代商务谈判的平台可以提供这样一个交易和置换的机会。参与现代商务谈判的双方或者多方，通过现代商务谈判，交流、合作和达成协议，使参与现代商务谈判的各方，能够达成各自的所想、所需。在参与现代商务谈判的各方之中，有的可以提供这个资源，从而可以拿到那个所需的东西;有的提供那个东西,置换回自己最需要的资源。这样一来,资源整合,强强联合,彼此弥补,使得参与商务谈判的几方,各自得到自己的所需,进而增强自己的能力。

这样一来，一个成功的现代商务谈判，会把资源和力量有效地、科学地重新调整和整合,使强者更强,使各方朝着自己的目标,走得更远,力量更强。

优秀的现代商务谈判,还可以达到多方共同发展,形成新的、更为强大的力量,以达到加速发展的目的。

在现代商务谈判的交锋和竞争中,高手过招,更能激发出各自的潜能,也能在谈判中发现对方的潜能。通过现代商务谈判的方式和途径,相互了解,相互竞争,相互激励,使得彼此成长、壮大,发掘出自己不曾意识到的机会和资源,为自己所用,也可为对方所取。无形之中,通过这样的交流和沟通,各自发现和分享对方的优点,分享和利用各方所呈现出的优势,得到共同发展。

现代商务谈判会促进各方的有机融合，相互取长补短——联合力量大，不用金钱，照样买单

现代商务谈判的平台，会给参与现代商务谈判者提供一个广泛的合作机会。现代商务谈判可以使有着共同兴趣的谈判方，在各自擅长的领域，有机地结合，彼此能够取长补短，找到各自的需求。很多时候，这种合作甚至不是用金钱来买卖、交易的，而是一种其他形式的交换，来得到彼此满意的结果。

现代商务谈判不同于其他的谈判，参与谈判的各方，是为了利益的合理分配而来。既然如此，只要达到目的，方式和方法可以多种多样。我的石油可以换回你的钢铁，也可以通过我的设计方案换取你的食物，通过你的智力优势来换取我的物质条件。你所求的东西，正是我想出的东西，你所有的，刚好是我所求的，各得其所，互惠互利。

现代商务谈判就是把这些可能变成现实。通过现代商务谈判的沟通，形成新形式的合作、新的组织结构、新的力量。很多时候，不一定用金钱来衡量；许多时候，好的现代商务谈判完全可以不用金钱来买单。不但如此，好的现代商务谈判，还可谈出比金钱更有

价值的东西。

现代商务谈判的形式多种多样,方法也有多种,但有一个核心,现代商务谈判会促进各方的融合,相互取长补短,联合力量强大。

取你所长,补我所短——合作共赢,收编对手

现代商务谈判的过程,是较量和交流的过程,也是谈判双方彼此得到洗礼的过程。通过谈判,取你所长,补我所短,合作共赢,甚至收编对手。

好的现代商务谈判者,不但能看到对方的问题和缺点,更应发掘出对方的优点和长处,这一点极为重要。因为现代商务谈判可不是零和游戏,而是共赢的结果。

在现代商务谈判中,发掘出谈判对手的优点,进而想方设法为我所用,充分地把对方的长处、优势,合理地掌控运用,用人所长,补己所短。

在现代商务谈判中,不一定非要通过压倒对方来壮大自己。通过谈判,提供自己的优势资源,置换对方的强项,甚至收编对方也不是没有可能。

现代商务谈判过程,就是一个彼此磨合、共同合作、求得发展的过程,聪明的现代商务谈判者,会通过巧妙又合情合理的方法,把自己的不利因素变成有利因素,同时把对方所具备的优势吸收过来,壮大自己,也利于对方。

在现代商务谈判桌上,首先要有一个博大的胸怀,能容得下天下难容之人,能听得进难以接受之话语。只要谈判者有足够的耐心和韧性,总能发现对方独特的优势,通过谈判的沟通、交流,取你所长,补我所短,使参与谈判的各方得到不同程度的收获,充分发挥出商务谈判的力量。

由少到多,由小变大——纵横捭阖,把想象变成现实

现代商务谈判,可以将原有的资源进行有效的整合,充分利用原有的资源,把积极因素调动起来,让原有的资源得以发展和壮大,由少变多,由小变大。谈判者可以通过主观或客观的努力,纵横捭阖,把想法变成现实。

在现代商务谈判的平台上启动的项目,小到具体细节,大到综合项目的协调,上至天文,下至地理,无所不包。

这样的现代商务谈判的环境,就给谈判者提供了一个巨大的

舞台。好的现代商务谈判者,可以在这个舞台上,长袖善舞、纵横捭阖,甚至呼风唤雨,运筹帷幄,把不可能变成可能。

现代商务谈判的力量,体现在很多方面,例如通过现代商务谈判,可以把彼此的许多想法变成现实,把本来薄弱的环节增强,把原本还弱小的资源变得强大。

现代商务谈判中以衡制动,以动制衡的功能和效果——软实力,大空间,只有想到,才能做到

在现代商务谈判中起作用的不单单是硬实力,更要有软实力的施展。

现代商务谈判就是以衡制动,以动制衡,在动态中求得平衡。

现代商务谈判给商业活动提供了一个特殊的空间,来展示自己有的软实力。软实力不是指你所拥有的物质绝对值是多少,也不是你所在的公司实体的规模大小,而是指你所拥有的学识、科技创新能力等那些非物化的、却有着极大价值、极大潜力的特质。

很多人认为,现代商务谈判是以实力为后盾,客观地说这点不假,但这只是一个方面,在现代商务谈判中,软实力会起到巨大的作用。

软实力可以表现在现代商务谈判者的修养上,可以是现代商

务谈判者的策略和技巧,可以是现代商务谈判者的气质、魅力,更可能是现代商务谈判者所具备的创新精神、设计能力,以及策划出的方案、人才储备、品牌效应、信用指数、人际关系、人脉资源等。这些软实力通过现代商务谈判的平台,可以有效地转化成金钱。

现代商务谈判的平台,就为那些具备软实力的个人和群体,搭建了良好的平台,使得这些软实力得以释放,得以发挥效能,得以有效转化为经济利益。

通过现代商务谈判这个平台,谈判双方可以互为补充,有效地和对方所具备的力量进行嫁接和融合,使双方充分发挥出最大能量。

现代商务谈判所提供的平台,给了人们无限的合作空间,也给人们的商务活动提供了无限的可能和契机。在现代商务谈判这个平台上,你可以实现物和物的兑换,人和人的联合,资金和资本的融化,投资基金的筹措,等等。

在现代商务谈判中,你可以通过多方联合,使你所具备的软实力得以发挥,使的你的想法成为现实,使原本自己单独不可能做到的事情,通过现代商务谈判的合作、共享,成为现实,这就是现代商务谈判所具备的力量。

现代商务谈判中的倍增和连锁效应——四两可以拨千斤

我们知道,任何个人或团体的力量其实都是有限的,只有通过合作,才能使这种力量得到加强和延伸,而现代商务谈判就是提供合作的平台。

现代商务谈判可以把彼此不熟悉、不了解的各方汇集在一起,通过协商、交流、沟通,使得彼此熟悉、相互信任,进而在这种了解和信任的基础上,再上层楼,得以有合作、联手、共同发展的机会。

现代商务谈判的平台,可以促成多方互助,让现代商务谈判的参与者,得以有机会获得新的机会和力量,使自己的力量达到倍增的效果。这样一来,谈判也就有可能把这种倍增的力量,发展和演变成连锁效应,真正起到星星之火可以燎原的效果。这就是人们梦想达到的四两拨千斤的效果。

这正是现代商务谈判独特的魅力所在。

现代的社会发展,任何事物都不是单一存在的,而是相互依存、相互影响、相互制约的。而要把这些相互关联的事物,有效地连接在一起,就需要现代商务谈判这种特殊的形式和方法。在现代商务谈判这个平台上,可以使彼此之间的需求得以互换交流,使得彼此的力量得以加强转化，使得彼此有了更上层楼的机会。

我们知道，单线不成经，独木不成林，团结协作力量大，合作共享才能增强彼此的力量。现代商务谈判就提供了这样一条纽带，一个平台，使得每个人、每个团体，都能够有效地进行置换，增强自身的能力，使得自己能够在不具备条件的情况下，通过合作来弥补自身的不足。

团结互惠，借力打力——现代商务谈判桌上有契机，现代商务谈判桌上有财富

现代商务谈判的一个重要作用，就是能使各方团结互惠，借力打力。

如果你是一个极为细心的谈判者，那么你就会捕捉到谈判桌上出现的契机和谈判桌上出现的多种形式的财富。

商务谈判的过程，初看起来貌似是一个生产关系的协调和组合，实际上，它也是生产力的特殊表现形式。它是通过沟通、交流、重组、结合，形成新的动力。通过科学的调整，得以出现更为科学的新组合，实现结合后形成的新的动力。

由于科技的发展、社会的进步，社会的分工越来越细，越来越专业，任何一个个人、一个团体、一个组织、一个实体，只能在某些

特定的领域、特定方向有所建树。而现代的社会成功所涉及的知识和专业技能，却越来越广泛。

这样的客观环境，决定了要做好一件事、完成一个综合项目，单靠一己之力，会变得非常困难。这就需要现代商务谈判来达成协调和合作，把自己不具备的，通过外部的力量，来进行弥补。

现代商务谈判会将各方集中起来，使他们走到一起，用我的长枪配合你的短炮，形成新的火力网，以达到共同的目的。

现代商务谈判就是要达到团结互惠的目的。只要各方有不同，谈判桌上就有契机，就有财富。

现代商务谈判的艺术 Postscript

后记

　　谈判的艺术，是一个很令人着迷的课题，《现代商务谈判的艺术》一书，是我在几十年的商业实践中，经过不断地总结和提炼写出来的。

　　在美国，哈佛商学院的教授曾写了一部《如何去——谈判那些不可能的事情》，书中阐述了如何不用金钱或争斗来破解谈判的僵局，这部书是学院派谈判专家的代表作。作者本人是一位印度裔的学者、专家，在著述的同时开了谈判这门课，同时举办讲座来阐述他的谈判研究成果。他的理性分析和科学而有逻辑的论证，堪称一流，成为业界的权威。

　　作家儒赛利所著的《和各种人谈话的艺术》，是一部畅销书，书中详细阐述了如何与人沟通和交流的技巧。

　　美国的大学教育是发达的，尤其是研究生教育。在谈判这个话题的研究和实践中，也是如此。无论在理论研究上还是在规模实践上，美国一直在引导着这个学科的走向，在谈判内容的探索、研究方面超前一步。

　　发达的经济基础为现代商务谈判提供了肥沃的土壤和环境，在商务

279

谈判的领域,纽约是反映美国商业的晴雨表。美国的现代商务谈判实践可以说影响着全世界。本书就是试图用采用现代的谈判理论,结合美国职场的案例,对现代商务谈判进行尽可能详细的阐述和总结,使读者得到一定的启发,并结合现在中国经济和商业运作的实际案例及本人的谈判经验,对现代商务谈判的理论和实践进行一些归纳和总结。